歴史に学ぶ「人たらし」の極意

童門冬二

青春新書
INTELLIGENCE

合戦はすべて天の運で、
勝敗は人の力を超えます。
お気落としなきように

敗者・石田三成を前にして——福島正則

わたくしの宝物は、
わたくしのために命を惜しまぬ
五百人の家臣でございましょう

宝物を披露せよ、と言われて——徳川家康

いかなる場所においても、
酒井様のお座りになる席を
最上席と考えております

末席に座ることになったうるさい上役に対して
——松平信綱

今日は
おまえの奥さんの誕生日だろう。
これで祝ってやれ

大臣室に一人の課長をやにわに呼んで——田中角栄

うちの若者は
すべて優秀だと思っている。
その力が発揮できないのは、
すべて幹部の責任だ

優秀な若者を採用しようとする幹部に——加藤清正

はじめに――人を「その気にさせる」パワーの源とは

〝人たらし〟は漢字で書くと「人誑し」となる。誑すというのは「だます、あるいはだます人」の意味がある。

典型的に使われるのは〝女たらし〟という言葉だ。これは、狡猾《こうかつ》な男が女性の主として財力を狙い、いわば〝たかる〟という営みをしつこく続け、しまいには女性の財力を完全に食い尽くしてしまうという悪い男のことだ。

だから〝誑す〟というのは辞典にあるように、たしかに〝だます〟という使い方がされている。

しかしビジネス界で〝人たらし〟というのはニュアンスがちょっと違う。

だますという要素が全くないとは言えないが、しかしそれは、「あくまでも目的達成のために、その人間の潜在能力を一挙に発揮させる」というニュアンスのほうが強い。職場における上下あるいは左右の人間関係において、早く言えば相手を、「その気にさせてモラール（やる気）を衝動的（発作的）に高める、というより発生させる」という意味あいが強い。

したがって〝人たらし〟というのは、ビジネス界においては必ずしも悪い意味ではなく、むしろ逆の意味にとられている。

人を誑して「その気にさせる」というパワーの噴出は、一体何によって起こるのだろうか。

この本では、わたし自身の経験も含めて、「歴史上、〝人たらし〟の達人だった人物のエピソード」を分析しながら、その要諦を探ってみたい。

歴史に学ぶ「人たらし」の極意　目次

二章　人をたらす「リーダーシップ」

四章　人をたらす「金」の使い方

五章　人をたらす「心配り」

六章 人をたらす「言葉」

七章　人をたらす「負けて勝つ」極意

八章　人をたらす「男の器量」

DTP／エヌケイクルー

一章 人をたらす「範」の示し方

言葉を尽くすより大切なこと

❖「言」より「行」の武将

戦国時代の武将の言行について、貴重な記録本がある。『名将言行録』という本だ。

わたしにとっては、手放せぬ〝タネ本〟の一つである。

しかし、安土桃山から江戸初期にかけての武将・福島正則は〝人たらしの達人〟と言われたが、『名将言行録』では、かれの「言行」について、それほど多くの分量がない。

おそらく正則は、「言」の人ではなく、「行」の人だったに違いない。つまり、常に、「率先垂範《そっせんすいはん》の人」で、あまり理屈を言ったりお説教じみたことは口にしなかった。したがって家臣たちも主に正則の「行」を見て、無言のうちにその行いの中から正則の教訓を汲み取っていたのだ。

「論語」で言う、

「巧言令色鮮《すくな》し仁」

である。飾った言葉の多い人間は、仁という徳があまりないということだ。

この言葉をそのままモノサシにすれば、福島正則は、

「他人をたぶらかすようなうまいことはあまり言わずに、実際の行動で範を示した」

と言える。だから、タネ本である『名将言行録』の中でも、主人の正則の言行についてはそれほど述べられてはおらず、逆に家臣の福島治重《はるしげ》や大崎長行、吉村又右衛門などの「言行」について、詳しく述べられている。これは暗に正則が、

「おれのことよりも、優れた部下連中の記録を残してほしい」

という願いが、そのまま編者に伝わったのではないかと思う。

『名将言行録』は、福島正則が生きていた時代よりもはるか後、江戸末期の幕末期に編まれた本だ。しかし、編者も、

「福島正則という人物は、おそらくこういう人柄だったに違いない」

と感ずるところがあって、こういう編み方をしたのではないか。だとすれば、もうそれだけでも正則の奥ゆかしさが伝わってくる。

❖「昔はよかった」と言う人間を信用するな

今でもよく聞く言葉だが、世の中を慨嘆して、

「昔はよかった」

という言葉をよく聞く。昔はよかったというのは、裏を返せば、

「今の世の中は悪い」

ということである。特にその対象として、

「今どきの若い者は」

という言い方をする人が多い。つまり世の中を悪くしているのは若者だ、というキメツケだ。正則はそんなことは言わなかった。

「昔はよかったと言うが、わしは必ずしもそうは思わない。なぜなら、昔はよかった、昔はよかったと言っているが、そのよかった昔というのは一体どれほどのことがあったのだろうか。

こういう連中の言葉をそのまま信ずるならば、今の世の中は昔とは違ってひどく悪く

なっているはずなので、とてもまともな神経では生きていられない。にもかかわらず、われわれが平然として生きているのは、よかったという昔もそれほどよかったわけではない。

もしそういうよいことが沢山あったのならば、この世はとっくに極楽になっているはずだ。理想郷に近づいているだろう。にもかかわらず、いまだにわれわれが苦しみや悲しみから逃れることができないのは、必ずしも昔がよかったわけではない。昔もやはり今と同じような苦しみや悲しみがあったのだ。

だからわしは決して昔はよかったなどという泣き言は言わない。昔も今も同じだ。その苦しみや悲しみに勇気を持って立ち向かっていくのが人間ではないのか」

と、かなり向日性の前向きな言葉を口にしている。

この正則ならではと言ってもいい美談がある。

❖牢に閉じ込められた恩人に対して

ある時正則は、過ちを犯した側近の武士を広島城の櫓《やぐら》の牢に閉じ込めた。そして家臣たちに、

「この者はわしの命に背いて過ちを犯した。餓死させようと思う。したがって、櫓に閉じ込めたこの男に食料などを絶対に差し入れてはならぬ。この命に背いた場合には厳罰に処す」

と宣告した。そして櫓の前には番の武士が立たされた。

しかしその夜、ひそかに櫓に上って、罪を犯した武士が閉じ込められている戸の前に近づく小坊主がいた。城内で使われている茶坊主だ。雑用を処理する下級の使用人だ。番士が見咎めた。

「こら、どこへ行く」

「○○様へ食事を届けに」

「馬鹿者。先ほど殿が、あの者には絶対に食事を与えてはならぬと命じられたばかりではないか。知らぬのか？」

「よく存じております」

「それならなぜ食料を差し入れようとするのだ。貴様も罰せられるぞ」

「覚悟しております」

茶坊主は怯《ひる》むところなく番士にそう言った。番士は首を傾《かし》げ、茶坊主に訊いた。

「なぜ、禁を犯してまで中の者に食料を与えようとするのだ？」

「あの方には、昔、命を助けていただきました。あの時、わたしはすでに自分の命を失い、いつでもこのお方のためには死ぬという覚悟を致しました。今がその時だと思っております。この食料を差し入れてわたしが命を失うのなら、決して後悔はいたしません。どうか、差し入れをお許しください」

切々と訴える茶坊主の表情には、微塵も恐れた色もなく、誠の心がそのまま滲《にじ》み出ていた。番士は当惑した。迷いはじめた。

❖番士の粋な計らい

しばらく茶坊主を睨みつけていた番士は突然、

「わしは番で疲れた。櫓の下に降りて少し休みたい。いいな？」

と告げた。いいな？　という言葉に意味を持たせた。番士は牢の前を去った。無人になった。その隙に茶坊主は牢内に持ってきた食料を差し入れた。

そしてこのことは、一晩だけではなかった。茶坊主は毎晩やって来た。中の過ちを犯した武士は、茶坊主に感謝しつつ貪り食った。そのために、一向に痩せない。健康そのものだ。ピンピンしている。

ある夜、正則が覗きに来た。

「牢に入れてから数日経った。さぞかし過ちを犯した者は痩せ細り、死が近いに違いない」

と思って様子を見に来たのである。勿論《もちろん》、正則のことだから、

(もしも、過ちを犯した者が前非《ぜんぴ》を悔いて、真剣に罪の重さを後悔しているのなら、場合によっては許してもよい)

と思っていたのである。しかし、牢内を覗いて、中でピンピンとしているその武士を見て正則は驚いた。そしてたちまち、

(だれか、差し入れをした者がいる)

と気がついた。

❖罰を与えるより人を変えること

厳しい糾問《きゅうもん》がはじまった。当然、番士が対象になる。番士は呆気なかった。簡単に白状した。それも、

「茶坊主の真心に触れて、胸に迫り、差し入れを許しました。どんな罰でも罰はお受けいたします」

と言った。潔かった。

番士を睨《にら》みつけていた正則はじっと考えた。やがてニコリと笑った。そして、

「その茶坊主を呼べ」

と告げた。

茶坊主がやって来た。顔は真っ青だ。自分の犯した罪が発覚したのだから、必ず死罪になると覚悟していた。でも顔は青ざめていたが、目は輝いている。それは、

「自分は決して間違っていない。牢内におられる方に、御恩報じをしたのだ」

という気持ちを持っていたからである。正則は茶坊主に訊いた。

「毎晩差し入れをしていたのはおまえか」

「さようでございます」

「わしがこの中の者に絶対に食料を与えてはならぬと命じたことを知っていたか」

「存じております。でも、中におられる方に御恩がございます。かつて命を助けられたということを番士の方にはお話をいたしました。死を覚悟しております。どうぞ首をお斬りください」

と潔くその場に正座した。

正則は茶坊主に近づくと、つるつるのその頭をポンと叩いた。そして、

「おまえの気組みに感心した。おれの胸も熱くなった。おれはよい家臣を沢山持っていると感じた。嬉しい。したがって、おまえの差し入れの罪は許す。また牢内にいる者も許してやろう。これは決してこの者の罪が消えたというのではない。罪を消したのは茶坊主、おまえの振る舞いだ」

正則は中の武士に聞こえるように言った。そうすれば、中の武士も自分の罪を悔いて、茶坊主に迷惑をかけたことを深く反省するだろうと考えたからである。

❖敗者に対しても礼をわきまえる器量

また、正則には次のような話もある。

関ヶ原の合戦後、敗れた石田三成は伊吹山方面に逃げたが、やがて捕らえられて大津に設けられた家康の本陣前に繋がれた。

つぎつぎと家康に祝意を述べに来る徳川方の武将たちは、これを見ると口々に罵倒した。

しかし、福島正則はそんなことはせずに、丁重に三成の前に膝をついた。そして、

「合戦はすべて天の運で、勝敗は人の力を超えます。それがしが貴殿の立場になって繋がれていたかも知れぬ。それがしの見たところ、貴殿は全力を尽くされた。実に見事だった。しかし、敗れたのは貴殿に天運がなかったということで、後悔される必要はない。わしも、よき敵と戦って十分堪能した。あまりお気落としなきように」

と慰めた。

三成は静かに正則を見返し、目で感謝の意を伝えた。

❖島流しされた武将への献身

自分に起こる事件を、柔らかく受け止め、関わりを持つ家臣に優しい気持ちで包み込む福島正則には、ほかにも美談が多い。

関ヶ原の合戦時、石田三成に味方した大大名に宇喜多秀家がいた。

秀家自身は大坂城にいて合戦現場には出なかったが、やはり徳川家康に敵対したので、合戦後、その処分は厳しかった。

かれは備前岡山城の城主だったが城は没収された。そして秀家自身の身柄も捜された。しかし秀家は合戦後、行方不明で、長い間捕らえられなかった。というのは、秀家はすでに近畿地方から脱出して、薩摩の島津家に逃れていたからである。

薩摩の島津家も石田三成に味方したので秀家に同情し、これを匿《かくま》った。しかし、鹿児島にいる間に秀家も、

「いつまでも島津家の厄介になるわけにはいかない」

と考え、幕府に自首して出た。幕府では秀家を、

「八丈島へ流罪《るざい》とする」

と決定した。秀家は八丈島に渡った。

秀家は、豊臣秀吉の養子だった。秀は秀吉の一字を貰ったものである。そして妻は豪《ごう》と言って、前田利家の娘だ。

合戦後、豪は父の居城である金沢城に戻った。やがて、数年経って夫が八丈島に流されたことを知った。

すると豪は、分家である富山の前田家の領内に山林役所を設け、ここから八丈島に積極的な差し入れをはじめた。本家の金沢城からそんな真似をすれば、たちまち幕府に咎《とが》められるからだ。

前田家の当主も本当なら差し入れをやめたいのだが、豪の秀家思いの心情に胸を打たれ、見捨てることができなかったのだ。

豪は秀吉の思いつきによって、秀家の妻になったたいわゆる政略結婚の犠牲者だった。しかし、秀家と暮らすうちに夫婦の間に愛情が湧き、豪はひたむきに秀家に仕えた。本来なら、流人大名に対しその妻が積極的に差し入れを行うことなど許されることではない。しかし豪はあえてそれを続けた。

❖大切な酒を献上する

ある日、海上を荒れまくる嵐を避けて、一艘《そう》の船が八丈島の港に入ってきた。島の人が訊くと、

「われわれは福島家の者だ」

と言う。そして、

「今、日本の大名たちは江戸城の整備で、工事のお手伝いに江戸に集まっている。わが主人・福島正則様もその一人だ。正則様は大変酒好きだが、関東の酒を嫌う。酒はやはり上方に限るというので、灘《なだ》に買い付けに行った帰りだ。船で江戸へ運ぶ途中、嵐に遭ってとりあえずこの八丈島の港に退避してきたのだ。しばらく錨《いかり》を下ろさせてくれ」

と告げた。翌朝は嵐が収まった。福島家の船は出帆の用意をした。その時、一人の流人が近づいてきて、

「どちらのご家中か」

と訊いた。昨日と同じ答え方をするとその流人は、

「船の中からよい酒の香りがする。おそらく灘の酒ではなかろうか」

と言う。船の責任者はその嗅覚に驚いて、

「どちら様か」

と訊いた。流人は、

「宇喜多秀家である」

と答えた。

責任者はびっくりした。秀家のことはよく耳にしていたし、責任者は同情していた。そこで責任者は、

「島ではご不自由が多いと存じます。一樽いかがですか」

と言った。宇喜多秀家は感動した。そして、

「一樽も分けてもらえるのなら、こんな嬉しいことはない。わしも灘の酒が大好きなのだ」

と言った。責任者は酒の一樽を秀家に献じて出帆《しゅっぱん》した。

❖目先の損得では一生得られないもの

江戸に戻った時、検分の役人が樽を数えて一樽足りないと騒いだ。すぐ正則に報告した。正則は怒った。

「大切な酒を一樽も失うとは何事か。責任者を呼べ」

呼ばれた責任者は正則に理由を尋ねられて、八丈島で宇喜多秀家に渡したことを話した。するとと正則の表情ががらりと変わった。目を輝かせて、

「それは確かか」

と確認した。酒樽を渡したことよりも、秀家が八丈島に流されていることの事実を確かめたのだ。

正則も秀家に好感を持っていた。責任者ははっきりと確かですと頷いた。正則は感激した。そして、

「おまえは実によいことをしてくれた。一樽、酒を分けたことによって、この正則の面目も立った。おまえがもし宇喜多殿の申し出を拒んだら、わしは未来永劫に恥を掻き続けた。よくやった」

と褒めた。

それだけでなく、以後、摂津へ酒の買い出しに船を出すたびに、正則はその責任者に、

「帰路には必ず八丈島に寄って、宇喜多殿に一樽献じるように。よいな」

と命じた。正則の心の優しさを物語るものだ。

そんな福島だったから、部下にもまたすぐれた人物が沢山出た。

人たらし・部下たらし・上司たらし

❖家康による大抜擢の裏側

福島治重は福島正則の家老だった。主人の正則は、関ヶ原の合戦で大功を立てたので、家康から、

「安芸国《あき》（広島県西部）と備後国《びんご》（広島県東部）二国を与える」

と告げられた。合わせて五十万石の領地になる。大抜擢である。それほど関ヶ原での福島の功績は家康にとって嬉しかったに違いない。城も広島に移った。広島の太田川の河口の洲《す》を利用して、広大な城を建てた。

この時、治重は筆頭家老のポストを与えられて、三原城（広島県）の城代を命ぜられた。

しかし、徳川幕府は、

「とにかく豊臣系の大名は片っ端から潰す」

という方針を持っていたので、福島正則にも目をつけていた。正則は秀吉恩顧の大名で、加藤清正とともに秀吉に可愛がられた。したがって、徳川幕府では、

「福島は表面的には徳川家に忠節を尽くしているようだが、いつひっくり返るかわからない」

と警戒の目を怠らなかった。何かちょっとした理由を設けて、潰されてしまうような危険な立場に置かれていた。

これは、正則の盟友であった加藤清正の家も同じだ。実際に、清正が死んで二代目が継ぐと、すぐに難癖をつけられて加藤家は潰されて熊本城は没収されてしまう。

❖「昔の功績」が役に立たなくなる時

広島城も同じ憂き目に遭った。城の拡張工事を行った時に、その旨を幕府に届けなかったからである。

当時城を整備する時には必ず事前に幕府の許可が必要だった。これを怠った。そこで広島城は没収され、福島家は改易されることになった。最初は、

「津軽（青森県）へ移す」

　ということだったが、家臣たちの主人を思う気持ちが切で、嘆願運動が続いたので、情に弱い二代将軍徳川秀忠が、

「わかった。それではもう少し近いところに移そう」

　ということで、川中島（長野県）へ移転させることにした。収入も当初の四万石から七万石に加増した。この時正則は、側近を呼んでこんなことを言った。

「合戦時に大功を立てた弓も、平和な時には皮袋に入れられて倉庫に納められる。わしも同じだ。まあ、二度と倉から出されることはあるまい。今度の異動が家康公からのお達しならわしも言いたいことは沢山ある。が、二代目秀忠公は何もご存じない。したがって、二代目に文句を言う筋は全くない。これも天の命だ。従おう」

　自分を弓にたとえたのは、やはり、

「俺は戦中だからこそ使い道がある。しかし平和になれば武器などは不要になる。それと同じだ」

　という諦めの境地を示したのだろう。

❖追い詰められても一歩も退かず

この時、広島城収公のために、使者となって二人の大名が備前にやって来た。永井直勝と安藤重信である。

治重は、備後にある支城・鞆《とも》城の城代大崎長行を呼んで、幹部で評議した。そして、「殿（福島正則）は現在江戸城に軟禁状態にされている。しかも、殿からは直接広島城収公の話は来ていない。したがって、われら家臣としては、主人の命なきまま城を収公使に渡すわけにはいかぬ。この際、全家臣が広島城に籠《こ》もって、収公使と一戦構える覚悟をしたいがどうか」

と諮《はか》った。大崎はじめ全家臣が賛同した。大崎も鞆城を捨てて、広島城に籠もる決意を示した。

福島家の全家臣が広島城に集合し、決戦の態勢を固めた。一触即発の空気が漲《みなぎ》り、収公使である永井・安藤の両軍も、攻城の構えを見せて城を包囲した。城下町の市民たちは、

「また合戦か」

と言って荷物を担いで逃げ出した。

❖家臣の覚悟、将の決断

この時治重は、大きな巻紙に、集った全家臣の名前を書き付けた。そして城内の広間の壁に貼り出した。

「これは、われらの志を示す証拠だ」

と言った。

治重の意図は、

・苛酷すぎる幕府の改易処分に抗議する
・抗議は福島家家臣の総意であって脱落者はいない
・その忠臣たちの名を一人残らず書き出して壁に貼り、公表する
・収公使はじめ福島家に関心のある向きは、とくとご覧いただきたい

というものだった。

全員が治重の処置に賛同し、歓声をあげた。

治重は同時に江戸へ急使を出していた。それは江戸城にいる正則に、

「このような状況に対し、いかに対応したらよろしいか」

と指示を仰ぐためである。使いの口上を聞いて正則は、

「わしはつくづく幸せ者だ」

と思った。主人の正則のほうが、胸を打たれたのである。

治重を先頭とする忠誠の士が全て広島城に集まり、決戦の態勢を整えている情景を思い浮かべると、正則は言いようのない責務感を感じた。

（わしが手続きをちょっと怠ったために、全家臣を苦しめている。それにもかかわらず全家臣はわしを恨むことなく決死の覚悟で広島城に籠もっている）

ということは、なんともやりきれなかった。

（これは、弓にたとえて減封左遷を嘆いているだけでは済まぬ）

そう考えた正則は、

「全家臣を殺すわけにはいかない」

と思って、すぐ急使に、

「治重に申せ。城は潔く明け渡すようにと。それぞれ、生活の道を求めて末永く生きてほしいと伝えよ」

と告げた。急使は再び広島城に戻った。治重は納得し全家臣に正則の言葉を伝え、

「決戦は中止する。それぞれ、進退は自由にされよ」

と告げた。泣き出す者もいた。もちろん、治重は自分の才覚で、広島城内にあった福島家の財産を家臣たちに分配した。退職金の代わりだ。家臣たちはおのおの知己《ちき》を頼って地方へ去っていった。

❖本物の忠誠心はかくして生まれる

永井と安藤の収公使が城に入ってきた。点検しているうちに、大広間に貼られた家臣名簿を見た。二人は顔を見合わせた。

「これが福島家の忠臣たちの名簿か。家老の福島治重は、なかなか味のあることをする」

と頷き合った。名簿は複製されてそのコピーが希望する大名に配られた。コピーを貰った大名は先を争って、名簿に書かれた家臣を探し出し、

「ぜひ、わが城に来てほしい」

と、再就職を勧めた。

伝えによれば、この名簿に書かれてあった家臣は一人残らず、他大名のところに再就職し、失業者が一人もいなくなったと言われる。

これは、普段から、

「福島家の家臣に無能者は一人もいない」

という評判が高く、諸大名にその噂が行き渡っていたからである。これはやはり正則が、

「人づかいの名人（＝人たらしの達人）」

であって、上から下までかれの人徳が行き届き、

「正則公のためにはいつ死んでも悔いはない」

という忠誠心を持つ者ばかりだったからである。

❖忠臣は二君に仕えず

付け加えておけば、広島城籠城の際に籠もった武士たちの名を書いて残した家老福島治重は、その後いろいろな大名家から、

「三万石でどうだろうか」とか「五万石を出そう」などという話を沢山受けた。しかし治重は、

「わたくしはすでに老衰した身です。いつ果てるかもわかりません。それにもかかわらず高禄でお迎えいただけるとのこと、誠に有り難く冥加《みょうが》に尽きます。しかしそのお志は大変有り難くお受けいたしますが、生来武骨者にて、幼い頃から教えられた〝忠臣は二君に仕えず（主人は二度持つべきではない）〟ということが身に染み渡っておりますので、どうかこの段お許しをいただきたく存じます」

と丁重に断った。そして髪を剃り入道して一生を終えたという。多くの人が、

「福島治重はさすがだ」

とその死を惜しんだと伝えられている。

❖人たらしの将に名臣多し

福島治重は、足が不自由だったという。徳川家康が安芸と備後二国を与えるという告知の謁見をする時に、家康は福島正則に対し、

「心利きたる功臣を三人ほど連れて参れ」

と命じた。

こんなことは例がない。領国の変更や、加増などの指示を出す時は、大名一人だけが謁見する。それを部下を三人も連れて来いと言うのだから、この時福島正則の名誉は非常に高く、かれ自身も感激した。

おそらく家康も前々から「福島家には名臣が多い」という噂を聞いていて、その連中の顔を見たかったのだ。

そこで正則が選んだのが、福島治重・尾関石見《おぜきいわみ》・長尾一勝の三人だった。

三人には特色があった。それは三人とも今で言う身体障がい者だった。体に不自由なところがあった。正則は意図的に選んだわけではない。

徳川家康に謁見した時、家康の家臣の中にクスクスと笑う者がいた。正則と三人の家臣

が退出すると、家康は笑った者を叱った。そして、

「あの三人の家臣は、福島正則のために身命《しんみょう》を惜しまず合戦で手柄を立て続けた。そのために、体の一部に不自由な面ができたのだ。称えるべき忠臣であって、笑うのは無礼だ。よく心得よ」

笑った家康の家臣たちは言葉もなかった。ただ俯《うつむ》いてひたすらに恐縮したという。

二章　人をたらす「リーダーシップ」

個の時代に求められるチームの力

❖〝ニコポン〟の名手としての秀吉

歴史における〝ニコポンの名手〟と言えば、なんと言っても豊臣秀吉だ。

ニコポンというのは、上司が部下の肩をポンと叩き、ニッコリ笑って、

「頼むよ」

と告げる管理方法だ。昔流行った見え見えの底の浅い管理術だ。

しかし秀吉がまだ木下藤吉郎と言った時代の数々のエピソードは、全部〝ニコポン〟によるものだが、部下のほうは胸を温め、「よし、やろう」とモラール（やる気）をアップさせている。

秀吉の主人であった織田信長がある時、

「合戦に使う槍は長いのが得か、それとも短いほうが得か」

と諮問《しもん》したことがある。この時槍奉行を務める上島主水《うえしまもんど》が、

「槍は短いものに限ります。長いと扱いに面倒で、時には手が絡まって敵に負けてしまうことがございます」

と答えた。信長は、

「プロの意見は短い槍だな。ではアマの意見を聞こう。サル（秀吉のこと）、おまえはどう思うか」

と訊いた。

この頃の木下藤吉郎は、他人が白と言えば赤、赤と言えば黒と言うように、必ず対立する意見を吐いていた。信長はそのことを知っていた。上昇志向の強い藤吉郎の〝目立ちたがり屋精神〟だ。パフォーマンスである。案の定、藤吉郎は、

「槍は長いのに限ります」

と言った。信長はニヤリと笑った。そして、

「そうか。だが、こんなことは議論を続けても埒《らち》は明かぬ。こうしよう。上島と木下に

五十人ずつ足軽を預ける。三日間それぞれ槍の訓練を行え。上島方は短い槍、木下方は長い槍だ。四日目にこの城の広場で試合をしろ。そうすれば結論が出る」

と言った。合理的で知性を重んずる信長らしい採決であった。

上島方はただちに訓練をはじめた。しかし三日間で五十人の足軽に完全に槍の技術を教え込むのはなかなか難しい。プロだけに上島はそのことをよく知っている。焦った。したがって訓練ぶりが乱暴になる。怒鳴る、殴る、地団太《じだんだ》を踏んでしごく。

部下たちは次第に嫌になってきた。三日目になると皆ヘトヘトになり、ブーブー不満の声をあげた。そして、

「上島さんは部下の使い方が荒いと聞いていたが、今回でよくわかった。あんな上司には仕えたくない。もう嫌気が差した」

皆、同感だった。中には、

「明日の試合は、いっそのこと木下隊に負けたほうがいい。それが上島に対する面当《つらあ》てだ」

などと言う者さえ出てきた。

❖二流は説得し、一流は納得させる

一方の木下隊は全く違った。藤吉郎は、

「槍の試合をするにしても、なぜ今槍の試合をするのか、ということを足軽たちが完全に納得しなければ試合には勝てない」

と思っていた。

そこで五十人の足軽を狭い自分の家に連れて行った。当時の藤吉郎は今で言えばせいぜい課長ぐらいの身分だから、給与も大して高くない。しかしかれは、

「まず皆に酒を飲ませよう。そしてその席で、信長様がなぜ今槍の試合を言い出したのかを説明しよう。そうすれば、かれらも理解し納得して、槍の試合に臨んでくれるだろう」

と考えていた。酒盛りがはじまった。

給与が大して高くないのに自腹を切るのだから高い酒は買えない。今で言えば焼酎パーティだろう。しかし部下たちは喜んだ。こんな上司は今までいなかったからである。席が盛り上がってくると藤吉郎は、

「ちょっとみんな聞いてくれ」

と言って、

「信長様が、なぜ今槍の試合をさせるのか」

ということについて説明した。次のようなことだ。

・信長様は、心の底で早くこの国を平和にしようと願っておられる
・そのためには、この国から一日も早く合戦をなくさなければならない
・そうなると合戦も、今のように刀や槍を振り回して、「やーやー遠からん者は音にも聞け」などと幹部がセレモニーを行っているようでは埒が明かない。百年もかかってしまうだろう
・信長様はそこで合戦の時間を短縮するために、新しい武器の導入をお考えになった。武器というのは鉄砲だ
・その鉄砲を使うのはおまえたちだ。おれたちではない
・鉄砲は〝飛び道具〟と呼ばれる危険なものだから、気をつけないと味方を撃ってしまう
・味方を撃たずに、敵に集中射撃をするためには、皆の協同精神が必要になる。その協同

精神を養うために、おれは槍の試合を行うのだと思っている

はじめて聞くことなので、最初のうちは皆キョトンとした。鉄砲があるということは知っているが、それをまさか自分たちが使うとは思わなかったからである。しかし藤吉郎が最後に付け加えた、

「鉄砲を使って合戦に勝つのは、信長様がこの国を平和にしたい、という目的にわれわれ自身も協力することだが、もっとわかりやすく言えば、おれたち自身がおれたちの家族を守ることに繋がっている。合戦でおれたちが死んで家族を悲しませないためには、やはり合戦に勝たなければならない。これがおれたちの共通の目的だ」

という言葉が、胸に沁《し》み込んだ。合戦を、

「自分の家族のためだ」

などと言った上司はいない。この点、秀吉は下層身分である足軽たちの心情を、よく自分のこととして捉えていた。それに部下たちは、秀吉の身分と地位を知っている。だから、

（あまりお金のない木下様が、身銭を切ってわれわれをご馳走してくれている）

ということに感激した。そしてその目的が、

「なぜ槍の試合をするかを納得させるための集まり」

であることを知って、さらに感激した。そのために代表がこんなことを申し出た。

「お頭、なぜ今槍の試合をするかということはよくわかりました。そこで、上島隊に勝つためにぜひ槍を教えてください」

これを聞いて秀吉は笑った。

「おれは槍の使い方など知らないよ」

「何を言っているんですか。あなたは管理職でしょう。槍の使い方ぐらい知らなければ給料泥棒になりますよ」

「そんなことを言うな。どうしてもやりたいか」

「やりたいいんです」

「しゃれてるのか」

「はっはっはっは」

みんな笑い出した。

❖「何を伝えるか」より大切な「いかに伝えるか」

〝やりたいんです〟のくだりは、わたしがこの話を講演で行う時に飛ばす洒落《しゃれ》の一つだ。歴史についての講演は、どうしても地名とか人名など固有名詞が多い。勢い話が堅くなる。そこでわたしはそれをほぐすために、時折落語的落ちを交える。不謹慎だが、そのほうが聴いてくれる客たちの理解度が高まるからである。時代考証好きのお客さんの中には、

（この講師は不真面目だ、ふざけている）

と思う方がおられるかもしれない。しかし、わたしは承知の上だ。そういうことよりも、

（自分が何を伝えたいのかを解《わか》ってもらうためには、時にはくだけた手法も大切だ）

と思っているからである。つまり、

「何を伝えるか」

ということは、

「いかに伝えるか」

ということによって左右される。その、

「いかに伝えるか」

の中には、落語的落ちも時折挟んだほうが、多くの人の理解を得られると思っている。

❖個の力を最大限に発揮させる組織力

話を元に戻すと、槍の技術を教えてくれとせがむ足軽たちを庭に出した秀吉は、

「五十人が三列に分かれろ。十七人、十七人、十六人の三列だ」

と命じた。五十人を三列に分割すると秀吉はこう告げた。

「最前列は、槍を棒のように構えてとにかく相手の足を狙って殴りつけろ。相手をひっくり返すのだ」

そして、

「それが済んだら最前列の者はすぐ最後尾に下がれ。二列目が前に出ろ。二列目は、ひっくり返っている相手の頭をぶん殴れ。それが済んだらまた最後尾へ戻れ。三列目が前へ出ろ」

とつぎつぎと命ずる。みんな呆れた。三列目の代表が、

「三列目は何をすればよろしいでしょうか」

と訊く。秀吉は、

「念のために突き倒せ」

と言った。三列目の代表は、

「そんなことをしたら、さすがに相手も怒って突きかかって来るでしょう」

と言った。秀吉は笑った。

「心配するな、相手の槍は短くてこっちまで届かない」

と告げた。足軽五十人はこの一言で大笑いした。

翌日の試合は言うまでもなく木下藤吉郎方の大勝利である。藤吉郎がここで行ったのは、「五十人を三組に分けて、それぞれ一つずつ目的を与え、究極的にはそれぞれのチームワークが大事だということを体得させた」ことである。秀吉は〝ニコポン〟が得意だから、仕事についても〝個人の能力を尊重する〟タイプのリーダーだと思われがちだ。しかし、実際には全く違う。かれこそ、

・仕事は組織で行うものだ
・そのためには、なんといってもチームワークが大切だ
・個人だけのパフォーマンスは認めない

というリーダーであった。だからこそプロの上島主水のように、ただ闇雲に槍の使い方を教えるのではなく、

「なぜ今槍の試合をするのか」

ということを、自分や自分の家族の問題として捉え、それをわかりやすく説明した秀吉のやり方に、木下隊の五十人の足軽たちが、

「このお頭のために、命懸けで明日の槍の試合に臨もう」

とモラール（やる気）を大いに発揮させた。

❖ただ部下を働かせるだけがリーダーの役割ではない

秀吉がチームワークを活用した例はほかにもある。有名な〝一夜城の築城〟だ。

一夜城というのは、木曽川や長良川、揖斐《いび》川の合流点に造った墨俣《すのまた》城のことである。

この時主人の織田信長は、美濃《みの》（岐阜県）の稲葉山城を攻撃し、斎藤氏を制圧する合戦を展開した。

稲葉山城は金華山という山の頂にある。金華山は標高約三百三十メートルの山だ。簡単には攻め落とせない。

そこでこれを囲む形で信長は長良川と木曽川、揖斐川の合流点の墨俣に拠点を築くことを木下藤吉郎に命じた。

藤吉郎はこの地方の豪族である蜂須賀《はちすか》一族の協力を得て、特別な土木建設手法を使いながら合流点の湿地帯に一夜城を築いた。

この時かれは、自分に従う部下たちを三組に分けた。そして、

「一組は敵の攻撃に備える。一組は築城工事に従事する。そしてもう一組は、ゆっくり寝てしまえ。その代わり、敵の攻撃にも築城工事にもいつでも応じられる力を蓄えろ」

と言った。

これには部下たちが大笑いした。特に最後の、

「一組は寝てしまえ」

という命令に、半ば呆れながら半ば感嘆した。

(やっぱり木下様はいいお頭だ)

と全員が思った。こういう巧みな〝人たらし〟を秀吉は行う。

❖成果と情報をどこまで共有するか

一夜城は見事に完成し、稲葉山城攻撃の拠点となった。城に攻め込んだ秀吉は、この時全員に瓢簞《ひょうたん》を腰に下げさせたという。瓢簞の中には酒が入っている。秀吉は、

「酔った勢いで突入しよう。そうすれば、敵などいかに人数が多くても目じゃない」

と告げた。そして、

「城を落とした時には、長い竿の先に瓢簞を一つぶら下げる。今日の戦勝の証だ。そして、これからも合戦に勝つたびに瓢簞の数を増やしていく。なぜなら瓢簞は、おれの勝利ではない。おまえたち全員の勝利だからだ」

と言った。これも部下たちの胸を熱くさせる。秀吉は決して、

「手柄はおれのものだ。おまえたちはおれの言う通りに動けばよい」

などという大将ではなかった。逆に、

「勝利はおまえたち全員のものなのだ」

という、〝勝利の共有〟が、部下たちの戦意を高まらせたのである。


わたしも都庁に勤めていた頃、職位が次第に高まるたびに考えたのが、この秀吉の、

「仕事は組織で行うもの。それにはチームワークが大切だ」

ということだった。そしてそれを実現するためには何よりも、

「全員で情報を共有する」

ことだった。

これは若い日に、後述する福田課長に教えられたことだ。徳もなく、大した実績を挙げたとは思っていないが、わたしが一貫して守り抜いたのがこの、

「全員で情報を共有する」

ということである。そのためには、上司が、

「こんなことまで下に知らせることはない」

あるいは、

「これは上層部の最高秘密なのだから、下に教えることはできない」

などという考えは持たなかった。最高秘密と言われるものでも、わたしはかなり大っぴらに全層に行き渡るような情報の伝え方をしていた。しかし、

「法律や条例に違反するような漏洩《ろうえい》」

をした例は一度もない。そうすることによって、部下のほうが逆に、

「この情報は大切にしよう」

という、守秘義務を守ってくれたからである。


残念なことに、秀吉がこういうすぐれたリーダーシップを発揮したのは、やはり木下藤吉郎時代が一番多い。

羽柴秀吉になると次第にこれが減り、さらに豊臣秀吉になった時には、完全な「権力亡者」に成り代わっていた。残念なことである。

「何を大切にするか」にリーダーの資質が表れる

❖家康が誇る最大の宝物とは

家康もまた違った形での〝人たらしの名人〟であった。こんな話がある。

天下人になった秀吉は次第に性格が驕《おご》り高ぶるようになっていた。同時に蓄財意欲が高じ、いろいろな宝物を集めるようになっていた。

ある日、大坂城内で自分のコレクトした宝物を見せびらかしながら、一座の大名たちにこんなことを言った。

「おのおの方もそれぞれ、宝物と呼ばれるような財物をお持ちだろう。ご披露あれ」

仕方がないので大名たちは、

「わたくしにはこういう宝物がございます」

とそれぞれが披露した。

徳川家康だけが黙っていた。秀吉が見咎めた。

「徳川殿、さぞかし貴重な宝物をお持ちであろう。どうかご披露あれ」

と催促した。家康は仏頂面をしていたが、その表情のままこう答えた。

「それがしは、家臣が多く、十分に給与を与えることができぬほど懐は寂しゅうございます。ただわたくしが自分の宝物だと思うのは、わたくしのために命を惜しまぬ五百人の家臣でございましょう」

と言ってのけた。他の大名たちは白けた。秀吉も内心、

(家康の奴め)

と思ったが、徳川家康の普段の行動から考えると、家康らしい発言だ。また家康だからこそ、そういうことも堂々と言えたのである。普通だったら、

「よく言うよ」

とか、

「臆面もなく、よくしゃあしゃあとあんなことが言えるな」

と、場は白ける。しかし家康は普段の行動に、そういう言葉を実証するだけの積み重ね

があった。そこで秀吉が、

「なるほど、徳川殿らしい宝物の披露だな。いやこれは感じ入った」

と真っ先に感動して見せた。このへんは秀吉の白けた場の収め方の上手さである。しかし家康のこの発言を聞いた徳川家臣団は奮い立った。

「うちの殿様は、つまらぬ焼き物や刀剣などの宝物を披露せずに、われわれを宝物だと言ってくださった。本当に有り難い」

と、家臣団は顔を見合わせながら、いよいよ結束の絆を固くした。

三章　人をたらす「知と情」の使い分け

「心を汲める」リーダーであるために

❖〝ダメな苗木〟にも意味がある

徳川三代将軍家光は植物が好きだった。そのため、よく江戸城の庭に出ては植物を愛《め》でた。

ある時、例によって庭に出ると、城内出入りの植木職人が汗をかきながら懸命に苗木を植えている。しかしその植え方が、職人の基準によって植えられるので、植えられる苗木と捨てられる苗木とに分けられていた。

職人は、苗木を厳しく選ぶ。苗木は全て大名たちから献じられたものである。

家光は見咎めた。職人に訊いた。

「おい、なぜその苗木を捨てるのだ?」

「あまりいい木ではございませんので。言ってみれば駄木でございます。上様のお気に入るような苗木を選んで植えますので、どうぞお任せください」

と言った。家光は顔色を変えた。そして、

「やめろ」

と言った。

「はい？」

植木職人は家光を見返した。

「駄木などいくら成長しても上様のお気に召すような木には育ちません。どうぞ、あっしにお任せください」

「そうはいかぬ」

家光はさらに遮った。そして植木職人にこんなことを言った。

「おまえは、ただ苗木の良し悪しによって植えたり捨てたりしているが、わしにとってはそうではないのだ」

「はい？」

職人にはまだ話が見えない。手を休めて家光を見返した。家光はこう言った。

「よいか、おまえが扱っている苗木は単なる木の苗ではない。大名たちのわしに対する忠誠心なのだ。したがってその忠誠心には良いも悪いもない。大名たちは皆懸命にわしへの忠誠心をその苗木によって示している。おまえが植えているのは苗木ではないぞ。大名たちの忠誠心なのだ。したがってわしとしてはその全てを受け止めたい。この忠誠心が良くて、この忠誠心が悪いなどという区別はできぬ。全て植えろ」

「……」

植木職人も考えた。そして大きく頷いた。

「お許しください。あっしが考え違いをしておりました。上様のおっしゃる通りでございます。全部工夫して植えるようにいたします」

「頼む」

植木職人は空間の工夫をして、全部の苗木を植えた。これがまた植木職人を通じて口コミで大名家に伝わっていった。大名たちは、

「今の上様に、そういうお心遣いがあったのか」

と言って、今までは若い家光に必ずしも好感を持っていなかった大名も、この一件によっ

て心を変えたという。

❖若輩の将軍を支えた名参謀

もともと家光は子供の時から気丈だった。かれは将軍になると全大名を集めてこう宣言した。

「祖父家康と父秀忠は、あなた方のご協力によって将軍になった。しかしわたしは違う。わたしは生まれながらの将軍だ。だから、祖父や父がやっていたように、あなた方が江戸に来られるときに品川や板橋の宿場まで出迎えに出ていくようなことは、今後は一切しない。というのは今後はあなた方を家臣として扱うからだ。

わたしのこの宣言にご不満を感ずる方は、すぐ国許にお帰りになって合戦の準備をされよ。家光は若年にして、まだ合戦の経験はないが、反乱を企てる不届き者に対しては、ただちに討伐の軍を起こす。そしてこの家光がその先頭に立つであろう」

大名たちは呆れた。思わず顔を見合わせた。

（若僧め、よく言うよ）

（今までの経緯も知らずに、あんな大口がよく叩けるものだ）

（すぐ後悔するぞ）

と、思い思いの反感を目で示した。ところがこの時、

「いやあ、お見事お見事、実に頼もしい公方様《くぼう》（将軍）がお出になったものだ。三代目様、どうぞその意気でわれわれ大名をご統制あれ。もしも、ただ今の上様のご発言に背くような者がいたら、上様直々のご出馬を仰ぐまでもなく、それがしが討伐軍の陣頭に立ちましょうぞ」

と言って、ズカズカと家光の側に近寄り、日の丸の大鉄扇でバタバタ煽《あお》ぎはじめた大名がいた。長老格の伊達政宗である。文句たらたらの大名たちも政宗には頭が上がらない。大先輩であり、大猛将であり、また大名将なのだ。この発言には大名たちも何も言えずにうなだれた。家光の作戦は成功した。

実を言えばこの演出には多くのブレーンがいた。乳母の春日局や、子供の時からの学友であった松平（伊豆守《いずのかみ》）信綱や阿部忠秋などである。かれらは、

・いつまでも大名に恩義を感ずる必要はない
・このへんで、大名たちを家臣化することが必要だ
・そのためには、神君家康公の御名を出すことが効果的だ。今後の言いにくいことや、やりにくいことは全て「昨夜《ゆうべ》夢枕に立った神君がこう申された」とおっしゃればよい

などと知恵をつけたのである。だからこの日の、

「わたしは生まれながらの将軍だ」

というハッタリ的宣言も、実を言えばこういう知恵者がつけた知恵だったのである。

たしかに何かにつけて家康の名を出すことは効果があった。家光やその父秀忠に対してはまだ素直に服従できない気持ちを持つ連中も、家康の名を出されるとぐうの音《ね》も出なかった。

❖組織を治めるのに必要な二つの力

家光はたしかに、

「合戦なんて知らないよ」

というアプレゲール（戦後派）だ。合戦一途《いちず》に生きてきた大名たちから見れば、洟垂《はなた》れ小僧である。しかしいつまでもそんなことを言っていても日本の国はうまく治まらない。安定しない。だから松平信綱や阿部忠秋は、

「合戦の未経験者でも、日本国はきちんと治まるという実証をあげるべきだ。われわれはその先駆者となろう」

という意気込みを持っていた。

しかし、よく、

「大組織を治めるには、知と情の二つの力が必要だ」

と言われる。

そこで松平信綱と阿部忠秋は、

「知の部分を信綱が、そして情の部分を忠秋が担当しよう」

と、役割分担をしたのである。二人が知臣であり情臣であった例に次のような話がある。

「知」が必要な時、「情」で収めるべき時

❖知臣が見せたとっさの機転

家光は祖父と同じように鷹狩りが好きだった。

この日も武蔵野方面に鷹狩りに出掛けたが、成果が全くない。落胆して江戸城に戻ってきた。そのとき濠《ほり》に目をやると、濠の中に沢山の鴨がいた。家光の目が輝いた。馬上から家臣に告げた。

「皆の者、あの鴨を撃て。今日得られなかった獲物の代わりだ」

家臣たちは一斉にばらばらと走り出した。石を拾うためだ。ところが江戸城内の清掃は行き届いていて、石など一つも落ちていない。みんな立ちすくんだ。顔を見合わせた。

「どうしよう」

この時、供をしていた松平信綱がこう言った。

「堀のほとりに魚屋が店を出している。おそらく店では蛤《はまぐり》などの貝類を売っているに違いない。貝を石の代わりに使え」

なるほどと頷いた連中はばらばらと魚屋へ向かって一斉に走った。信綱の言う通りだった。魚屋では大きなザルに蛤をいっぱい積んで売っていた。

家臣たちは金も払わずそれをどんどん持ち出して、思い思いに投げて鴨を撃った。大量の鴨が得られた。鴨こそとんだ迷惑だった。家光は満足し、一行は橋を渡って江戸城内へ戻っていった。

❖情臣による巧みなフォロー

ところが、堀の脇に阿部忠秋が一人ぽつんと立っていた。そして家光一行が城内へ去ったのを見届けると、かれは静かに魚屋に行った。そして、

「悪かったな。商売物の蛤を全部あんなことに使ってしまって」

「とんでもございません。公方様のお役に立ったと思えば、蛤もさぞかし満足していることでございましょう」

「辛くてもそういう風に言ってもらえると嬉しい。代金はどうした」

「お代をいただくなどとんでもないことでございます。お役に立ったのでございますから、わたしの冥加でございますよ」

「すまなかった。これで精算してくれ」

阿部は懐から金を出して、魚屋に渡した。蛤の代金をはるかに超える金額だ。魚屋は恐縮した。この話が市中に口コミで漏れた。

「松平様は知恵がおありだ。しかしそれにも増して阿部様は情がおありだ。大したものだ」

信綱は蛤を石の代わりに使わせて、部下たちを唸《うな》らせた。

「さすが知恵伊豆様だ」

とみんな感嘆した。しかし、それぞれが争って奪った蛤の代金を阿部がそっと払ったことは知らなかった。そんなことにまで考えが及んでいなかったからである。

しかし後日、この話が江戸市中から江戸城へ逆に移入されて、

「そうだったのか」

と、阿部のはからいに皆、胸を打たれた。

「松平様は知臣、阿部様は情臣」

と言われて、知と情の二つが並び立つようになったのである。

❖江戸の大火事から大奥を救う

松平信綱の知臣としての活躍は、その後も続く。

振袖火事（一六五七年）で江戸城の天守閣が焼けてしまった。復興会議で、

「天守をどうするか」

と論議された。多くの老中が「復興すべきだ。江戸城の象徴なのだから」という論を唱えた。ところが松平信綱だけは、

「必要ありません。なぜなら、もはや太平の世の中であって、天守などという合戦の象徴は必要ありません。それよりも、その費用を被災者の救済に使うべきでしょう」

と唱えた。これには、元老級の重臣が賛成して、信綱の案が受け入れられた。だから、江戸城の天守閣は今に至るまで復元されてはいない。

その火災の時、江戸城は大騒ぎになった。特に大奥の女性たちの騒ぎは手がつけられなかった。これを見て信綱は大奥に飛び込んだ。慌てふためいている女性たちにこう言った。

「ここからすぐ表（武士の職場）へお逃げなさい。各部屋で、畳を裏返しにさせました。畳が裏返っているところを選んでお逃げになれば、無事にお庭に出ることができます」

女性たちは騒ぎながらも信綱の言葉に従った。

たしかに表の各部屋の畳はそれぞれ裏返しになっているところが連結していた。つまり信綱は、部下に命じて畳を裏返しにし、それをつなげることによって庭への逃げ道をつくっていたのである。

無事に庭に辿り着いた女性たちは、

「さすがに知恵伊豆様のお計らいですね」

と口々に、信綱を褒め称えた。松平信綱の人気はまたさらに上がった。

❖融通の利かない頑固な上役に対して

この信綱が、威張り屋でありうるさ型の老中をウイットに富んだユーモアでやり込めたことがある。

やはりこの時の火災で、現在で言う「災害対策本部」が設けられた。信綱の知恵で、

「江戸城内に本部を設けても、実際に現場を見ているわけではないので対策が後れを取る恐れがあります。そこで、本部は被災地に近いところに設けましょう」

と進言して、そのとおり被災地のど真ん中に本部が設けられた。本部員である大名がつぎつぎとやって来る。しかしそういう時でも、

「自分の座る席」

にこだわる大名がいた。老中の中でも古参の酒井忠勝という大名がそうだった。

かれは普段から城内における席次を気にするが、私的な懇親会でも自分の席が床の間を背負った最上席でないと気が済まなかった。違うところに設けられるとフンと鼻を鳴らして、その場からクルリと帰ってしまうことも多かった。したがって、

「災害対策本部ではどうするのだろう」

と、みんなハラハラしていた。ところが信綱は、

「非常の時です。江戸城中における席次は一応ご破算にいたします。先着順に席にお着き

ください」

と指示した。そのため、新しく設けられた本部には先着順に大名が席に着いた。勢い、普通なら酒井の席だと思われる最上席にも、先に着いた大名が座らされてしまった。その大名は気が気ではない。

（酒井様がおいでになったら、おれはさぞかし睨《にら》まれることだろう）

と慄《おのの》いていた。

❖持ち上げつつも黙らせる知恵

酒井がやって来た。入口に立って、自分の席であるべき最上席を見た。他の大名が座っている。酒井は思わず顔色を変えた。そして、

「帰る」

と言った。側にいた大名が、

「しかしせっかくおいでになったのですから」

と言ったが酒井はきかない。不機嫌な表情をして、

「おれの座るべき席には、すでに他の大名が座っている。したがっておれの席はない。ということは、今日の本部にはおれは必要ないということだ。帰る」

と駄々をこねた。この時、事態の収拾を頼まれた信綱がやって来た。そしてにこやかに酒井に向かって言った。

「酒井様、ご苦労さまでございます。どうぞ空いているお席にお座りください」

「空いている席など問題にならぬ。わしの座るべき席には他の大名がいる。帰る」

と依然として我説を通す。信綱はさらにこう言った。

「われわれ後輩大名は常に酒井様を尊敬しております。したがって、いかなる場所においても、酒井様のお座りになる席を最上席と考えております」

「なに」

突然の詭弁《きべん》に酒井はむっとして信綱を睨みつけた。しかしよく考えてみると信綱の言っていることにも一理ある。それに本部にうごめいている大名たちが、みんな微笑みながら頷いている。つまり、

「われわれも、松平殿の言うようにあなたのお座りになったところを最上席として敬いま

す」

と告げていた。酒井は一本取られた。信綱の言い方は酒井を尊重するものであり、決して傷つけるものではない。酒井にしても、

「おれが座る席は、どんな末座であろうと最上席としてその場にいた連中が敬う」

ということであれば、満更《まんざら》でもない。それにいつまでも駄々をこねていると、酒井の器量が疑われる。少なくとも最古参の老中であり、いわば、

「江戸城で一番偉い武士」

なのだ。いろいろ思いを巡らした酒井はついに心を決めた。

「わかった、空いている席に座る」

「ありがとうございます」

この時空いている席は、一番末座であった。しかし酒井はそこに座った。居並ぶ大名たちがみんな拍手した。空気が和やかになった。だれもが、

（松平信綱殿は、やはり知恵伊豆だ）

と感じた。酒井でさえ信綱に向かって、

「松平、おぬしに一本取られたな」
と、自分の敗北を潔く認めた。

❖知と情の絶妙なバランス

こういうように泉のごとくつぎつぎと知恵を生み出す信綱であったから、家光の覚えもよく、重宝された。そのため、信綱のところには大名や旗本が押しかけて、昇進の願いや予算の頼み事などもした。

信綱はできる限りそういう世話をした。したがって信綱の江戸屋敷には頼み事をする人間でいつも溢れていた。塀の外にも行列ができたくらいだ。

ところがもう一人の情臣である阿部忠秋は、公正そのもので曲がったことが大嫌いだった。だから、自分の邸《やしき》に頼み事をする大名や旗本がやって来てもみんな追い返した。

「公のお話は、江戸城で承る」
と告げた。そのとおりなのだが、得てして公正一辺倒だと、やはり人々は遠のいていく。
やがて、

「阿部殿のお屋敷に伺っても、頼み事は一切聞いてもらえない」

ということが評判になった。そのため阿部邸を訪れる人が激減した。やがては、

「阿部殿の屋敷を訪ねるのは餌を貰いにくるスズメだけだ」

と言われるようになった。


情臣阿部にとっての〝情〟というのは、単に感傷的なものではない。そこに一本筋が通っている。〝公正さ〟である。したがって、かれが〝情〟を発揮するのは、家光や幕府の公的な事について、よかれと判断した時に限られた。私欲の助長は決してしていない。逆に非情になった。


しかしこの二人を使う将軍家光は、そういう阿部を大切にしていた。家光は、

「知恵伊豆も大事だが、阿部のような硬骨漢も脇にいなければ困るのだ」

と、きちんとわきまえていた。つまり、

「松平の知と阿部の情とをバランスを取りながら、整合してゆく。それがわしのためになる」

と考えていたのである。

四章　人をたらす「金」の使い方

少ない金を大きく活かす

❖功臣に十分な報酬を出せないぶん…

蒲生氏郷《がもううじさと》は、近江国（滋賀県）日野城の主だった。

若い時から〝人たらしの名人〟と言われていた。かれは部下思いで、また石高（六万石）の少なさに似合わず、人材を惜しみなく雇用した。

しかし、収入に限りがあるのでなかなか部下に十分な給与を支払うことができない。氏郷の言葉に有名な、

「給与と愛情は車の両輪であり、鳥の両翼だ」

というのがある。しかしそういう言葉を口にはするが、なかなか実行できない。特にかれのために命を張って手柄を立てた功臣に対しての保障が十分できなかった。そこでかれはそういう功臣に、

「休みの日におれの家に来い。何もないが、一緒に酒を飲もう」

と誘って、当面のボーナス代わりにした。休日にやって来た部下に氏郷は、

「飯を食う前に風呂に入ってこい。湯を立ててある」

と告げた。部下が風呂に入って温まっていると、突然外から、

「おい、湯加減はどうだ?」

という声がする。窓から覗くと氏郷が頬被りをして、火吹き竹で一所懸命薪《まき》の火を吹き立てている。部下はびっくりした。そして、湯の熱さとこみあげてくる感動の涙で、顔がくしゃくしゃになった。

これが口コミで有名になった。〝蒲生風呂〟と言われて、部下たちは、

「おれも早くその風呂に入りたい」

と希《ねが》った。

❖〝お金の不満〟を解決した妙策

後に氏郷は会津へ九十万石の大禄を貰う。この時かれは家老に命じ、

「部下全員に、今までの手柄とそれに見合う給与額を自己申告させろ」

と命じた。部下たちは喜び、先を争って申告した。

しかし、家老が集計すると、二百万石ぐらいになった。家老は苦い顔をして氏郷に報告した。氏郷は笑った。そして、

「払ってやれよ」

と言った。家老は、

「とんでもない。そんなことをしたら、たちまち赤字会計になり、第一、殿の報酬が一文もなくなります」

と怒った。そして、

「この始末はわたくしにお預けください」

と言った。

家老は大広間に全家臣を集めて、自己申告書を読みあげ、一枚一枚の査定を行った。家臣たちからたちまち声が上がり、

「それは事実と違います」

とか、

「それはわたしが立てた手柄です」

とか、

「その手柄は確かにあいつが立てたものですが、あまりにも過大に給与を見積もりすぎています」

などという異論が出た。これらをうまく整理すると、申告額全体が公正なところに落ち着いた。これが、

「日本における予算制度のはじまり」

だと言われる。

しかし、このような氏郷の部下愛は徹底していて、ほとんどの部下が、

「氏郷公のためなら、常に戦場で一番槍を務める」

という気になっていた。

蒲生軍団は組織としてのモラール（やる気、士気）が非常に高かったのである。

❖チームワークを乱す部下に

蒲生氏郷に西村という家臣がいた。合戦ではいつも一番槍の栄誉に輝いた。氏郷軍団の名が挙がるのは、常に西村が一番槍になったためだ。

しかし氏郷の主人である豊臣秀吉は一番槍を嫌った。というのは、前述したように秀吉は、

「事業は決して個人の功績だけで行えるものではない。組織としてのチームワークが大切だ」

と考えていたからである。

そのために秀吉は九州征伐（薩摩の島津氏への攻略）を行った時に、参加する大名を集めて命令した。

「各大名家の一番槍を禁ずる」

やむを得ず氏郷はこのことを部下たちに伝えた。しかし西村はせせら笑っていた。

（秀吉ごときがおれの一番槍を止めるなどとはもってのほかだ）

と腹の中でののしった。もちろんその命令に従う気など全くない。

そして、九州の巌石城《がんじゃく》攻撃でまた一番槍を行った。これが秀吉の耳に入り、秀吉は氏郷を呼んだ。そして、

「わしの命令に背くとは何事か。西村を厳罰に処せ」

と厳命した。さすがに氏郷もこれには背けない。たしかに秀吉から「一番槍禁止令」を聞いていたからだ。

心が重かったが、氏郷は事情を話して西村を浪人させた。西村は氏郷を敬愛していたから、

「氏郷様もお辛いのだ」

と思って、氏郷の指示に従った。

数年経った。氏郷はいつも西村のことを気にかけていたので、家老に、

「西村の奴はどうしている？」

と訊いた。家老は、

「城から遠くに住んでおりますが、いつでも殿のことを心配しております。殿は元気か、

殿のご体調は変わりないかなどと、訪ねる者に訊いております」

「訪ねる者がいるのか」

「沢山おります。とにかくあいつはいつも一番槍を突く無法者でございましたからな。当家の人気者でございます。殿？」

「何だ」

「そろそろ召し返してはいかがでございますか」

「そうしようか」

時間が経ったので、秀吉の怒りも収まっていた。氏郷は西村を呼び返した。

❖貧しても鈍せず

西村は氏郷を見ると顔をくしゃくしゃにして地に膝をついた。それを見ると氏郷は、昔、西村とよく相撲を取っていたことを思い出した。そこで、

「西村、一番取ろうか」

と呼びかけた。西村も喜んで、

「お相手仕《つかまつ》ります」

と言った。城の庭に棒で円が描かれ即席の土俵ができた。裸になった氏郷はその土俵に上がり、

「西村、来い！」

と大声で呼んだ。西村は、

「おう」

と応じ、飛び出していった。相撲がはじまった。氏郷は、

（かつておれより強かった西村も、長い浪人生活で少しは弱くなっただろう）

と思っていた。これが大間違いだった。やがて西村は大きな掛け声とともに、氏郷を投げ飛ばした。

周りを囲んでいた家臣たちは驚いて顔を見合わせた。悔しがった氏郷は、

「西村、もう一番だ」

と叫んだ。西村も、

「かしこまりました」

と応ずる。土俵に上がろうとする西村に、家老がそっと囁《ささや》いた。

「西村、今度は負けろ」

「は?」

西村はキョトンとした。その西村に家老が囁いた。

「せっかく殿がお前を召し返したのだ。今度は負けて殿のご機嫌を取れ」

「わざと負けろというのですか」

「堅いことを言うな。少しは殿の面目も考えろ」

「……」

西村はむっつり黙り込んだ。土俵から氏郷が呼んだ。

「何をゴソゴソ話している。西村、来い」

「はい」

西村は土俵の中に飛び込んだ。皆が見守る中で、がっぷり組んだ西村はまた氏郷を投げ飛ばした。家老はがっかりした。土俵に転がった氏郷は、立ち上がって土を払うと西村に言った。

「西村、よくぞ昔の気持ちをそのまま保ち続けたな。二度目にもしもわざと負けたら、わしはおまえを召し返さずにまた浪人させるつもりでいた。貧しても鈍しなかったおまえはさすがだ。一番槍の時は、わしのほうこそすまなかった」

「……」

西村は声を失った。氏郷の、

「貧しても鈍しなかったおまえを褒めてやる」

という言葉が、何よりも嬉しかったからである。これも〝人たらしの達人〟である蒲生氏郷ならではの有名なエピソードだ。

氏郷のこの言行は、西村を嗚咽《おえつ》させただけではない。土俵の周りを囲んでいた全家臣たちの胸をもキュンとさせたのである。

プライドを捨てても守るべきもの

❖窮境を脱出するのに欠かせない気概

〝親亀こければ子亀もこける〟という言葉がある。

トップが状況によって窮境に陥り、自信を無くして仕事を投げ出すような場合、仕えている部下はどうしていいかわからなくなる。親亀がしっかりしてくれないと、せっかくやる気のある子亀も一緒にこけてしまう。

だからたとえ負け惜しみでもいいから、窮境に立ったトップが、

「負けてたまるか」

という気概を持って、今まで見せてきたプライドやカッコよさを見せ続けてくれれば、逆に下からの支えによってその窮境を克服することもできるのだ。

伊達政宗の生家は、常陸《ひたち》国（茨城県）の伊佐地域の出自だった。そのため、地名を取っ

て「伊佐氏」と言っていた。

源頼朝が平泉の藤原氏を攻めた時に供をした。大功を立てたので、伊達地方（福島県北部）を貰った。そのためまた地名を取って「伊達氏」と名乗るようになった。

頼朝は引き揚げる時に東北地方に「奥州探題（東北地方長官）」というポストを置いた。はじめは留守氏がこのポストに就いたが、時代を経るにしたがっていつの間にか伊達氏が、

「わが家は奥州探題である」

と名乗るようになった。

鎌倉幕府から正式に辞令が出たのかどうかはわからない。しかし当時の伊達氏は自らそう称しても、誰も文句を言わないほどの実力を備えていた。だから、伊達氏には代々そういうプライドがあった。つまり、

「わが家は奥州探題の家柄である」

という自負だ。

政宗にもそれがあった。したがって、近畿地方でいくら〝天下人〟騒ぎが起こっても、ビクともしない。

「天下人などというのは西のほうの呼称で、東北には東北固有の自治がある」

という気概を持っていた。

❖負けを認める器量

織田信長の後を継いだ羽柴秀吉が〝天下人〟と称するようになり、これに背く大名を片っ端から征伐した。四国の長宗我部《ちょうそかべ》氏、九州の島津氏を降伏させると、関東（小田原）の北条氏の攻略にかかった。そして、

「つぎは東北の伊達氏だ」

と宣言した。

伊達家では軍議を開いた。どうするかということだ。多くの者が、

「秀吉は農民出身の成り上がり者だ。抗戦すればたちまち崩れる。かれが率いるのは烏合の衆だ。戦いましょう」

と威勢のいい意見が続出した。

しかし片倉小十郎という重臣一人だけが黙っていた。会議が終わった後、政宗は片倉に

訊いた。

「なぜ黙っていたのだ？」

片倉はこう答えた。

「秀吉はハエです。しかし巨大なハエです。一度は追い払えるかもしれませんが、二度でも三度でもやって来ます。その時伊達家は亡びます」

政宗は納得した。この時の政宗は二十歳だ。しかし若いけれど東北きっての情報通だ。天下人（関白）にのし上がった秀吉が自分に従わない四国の長宗我部氏や薩摩の島津氏を、なんの苦もなく征圧したことは日本中の者が知っている。

今、小田原の北条氏を攻めているが、その降伏も時間の問題と言われる。そうなるとつぎは伊達氏だ。「勝てるか？」と言われれば、実を言えば政宗にも自信がない。重臣たちの決議は空威張りだ。そういう不安があった。だからこそ片倉に訊ねたのだ。片倉の答えは政宗の思いを裏づけた。

政宗は決断した。

「片倉、小田原に行って秀吉に降伏しよう」

ということだ。片倉は賛成した。

一説によればわずか三十人ばかりの供を連れて政宗は小田原に向かった。関東地方はまだ北条氏の支配地だ。うっかりすれば捕まって殺されてしまう。そのため日本海沿いに遠回りをし、一挙に南へ下って東海道を通り、小田原に着いた。

秀吉は怒っていた。いつまで待っても政宗が臣従《しんじゅう》を誓いに来ないからだ。そのため、秀吉のステータス（勢威）も下落していた。「東北の若僧め、必ずこらしめてやる」。秀吉は政宗を憎んでいた。だから、政宗が着いたと聞いても会わない。

「箱根の村に閉じ込めておけ」

と突き放した。

この時政宗の器量をかねてから知っていて、とりなしたのが徳川家康や前田利家である。それに千利休が加わった。政宗は感動し、利休に茶を習った。このことを聞いた秀吉は多少心をゆるめた。そして、

「明日、東北の小僧に会おう」

と告げた。

❖屈すれど卑屈にならない生き方

翌朝、秀吉は小田原城を見下ろすところに床几《しょうぎ》を置いて座った。前面には秀吉に従う大名がずらりと並んでいる。その席に政宗は現れた。

大名たちはその姿を見て思わずあっと声を挙げた。それは政宗が死に装束をしていたからである。真っ白な着物を着て、髪を切りサンバラ髪になっていた。

しかし、政宗は臆するところなく堂々と歩いて来た。そして、秀吉の前に静かに膝をついた。臣従の表明だ。秀吉は、

（小僧め、やるな）

と思ったが、持っていた杖で政宗の首を叩いた。

「小僧、もう少し遅ければこの首が飛ぶところだったぞ」

と言った。

この時政宗は二十歳である。その若さに似ず、政宗の堂々たる姿に秀吉も感心していた。

秀吉は立つと政宗を崖の縁に案内し、小田原城を杖で示した。海陸から二十万の大軍が

城を囲んでいる。物凄い光景だ。政宗も内心、圧倒された。

（これは到底かなわない。片倉の言ったことは正しい）

と反省した。

この日、政宗は正式に秀吉に臣従することを誓った。しかしこれを伝え聞いた伊達家の家臣たちは落ち込まなかった。片倉小十郎たちの報告で、

「殿は実に格好よかった。天下人に対しても全く臆することなく、堂々と向き合った。われわれの主人は実に立派だ。奥州探題の誇りを決して失ってはいなかった」

という話を聞いたからだ。

以後の伊達家は秀吉に従ってその指示に服するが、しかし伊達家の家臣たちは決して卑屈にはならなかった。それは常に、堂々たる姿を政宗が示したからである。

政宗の「伊達家は奥州探題である」という自覚と誇りは、その後も続く。徳川時代に入って、家臣の支倉常長《はせくらつねなが》をローマ法王庁に派遣し、

「伊達家とヨーロッパの国々との直接貿易の許可」

を貰う。

しかし、支倉が日本に戻ってきた時は寛永年間で、〝島原・天草の乱〟のために、すでに「鎖国令」が出ていた。そのために政宗の夢は完全に消えてしまう。

もしも、鎖国令が出ずに政宗の夢が叶ったら、現在の石巻や大船渡などは〝国際港〟として、東北地方を賑わしていただろう。惜しい夢だった。

名将が見せた〝生きた金〟の使い方

❖「東北の山ザル」と見下されて

忍耐強い徳川家康が、十年の月日を我慢して本格的に大坂城の豊臣氏を滅ぼそうとしたのが大坂の陣である。

大坂の陣は二回あって、冬の陣と夏の陣があった。

冬の陣が行われたのは慶長十九（一六一四）年十月のことだ。昔の暦では、一・二・三の月が春、四・五・六が夏、七・八・九が秋、そして十・十一・十二が冬だった。だから十月に行われても〝冬の陣〟と言った。夏の陣は翌年の慶長二十（一六一五）年四月・五月に行われた。今なら春だが、この頃は夏の扱いだ。

しかし冬の陣は、もともと家康は本格的に戦う気はなく、

「いったん講話して、堅固な大坂城の堀を埋めて、本丸を裸城にしよう」

と考えていたから、すぐ講和をした。したがって、家康に従う諸大名も本格的に戦う気はない。ぐるりと大坂城を囲んで、退屈していた。そのためある大名が、

「どうも退屈だな。香合《こう》せでもしようか」

と言い出した。香合せというのは、香木の一部を切り取って火をつけ、立った煙を嗅いでその匂いから、

「この香木はなんとかいう木だ」

と、香木の名を当てる遊びだ。この遊びでは参加者は必ず自慢の品を景品として差し出す。香木を当てた者はその景品を貰う。そんな退屈しのぎの行事だった。

この時、伊達政宗も参加した。しかし政宗の実績はそれほど大名たちに有名ではなく、むしろ大名たちは、

「伊達は東北の山ザルだ」

とバカにしていた。だからこの香合せの時でも、

「山ザルはどんな景品を出すのだろうか」

と皆、関心を持っていた。

❖並み居る大名を黙らせたウイット

それぞれ、戦場のことなので出した品物は立派な刀とか鎧《よろい》とか武具が多かった。注目の中で伊達政宗が出したのは、自分が水筒代わりに腰に下げていた瓢箪だった。長年使ったので、相当古びている。汚い。みんな顔を見合わせた。そして目に、

「やはり東北の山ザルが出す景品は大したものではない。あんな汚い瓢箪を出しおった」

と嘲笑の色を浮かべた。政宗はしかし知らん顔をして、景品の山の上に自分の瓢箪を置いた。

ゲームがどんどん進み、やがて景品が残り少なくなり、政宗が出した瓢箪だけが残っていた。みんな敬遠して、この瓢箪を貰う者がいなかったからである。

そして最終的に、この瓢箪を受け取らなければならなくなった大名は渋い顔をした。嫌な表情で、まるで汚物に触るように瓢箪を摘《つま》み上げた。すると政宗が声を掛けた。

「貴殿はよい物が当たりましたな」

瓢箪を手にした大名はむっとした。

「お主は皮肉を言っているのか。こんな汚い瓢箪はちっとも嬉しくない」

「いやいやそうではありません」

政宗は笑い続ける。そして、

「あれをご覧ください」

と、近くの木を指で示した。みんなそこを見た。木に一頭の見事な白馬が繋がれていた。政宗が言った。

「瓢箪を手にされた方には、あの白馬を差し上げます。東北産の駿馬《しゅんめ》です」

と告げた。一人の大名が訊いた。

「伊達殿、なぜ瓢箪を貰った者が、あの見事な馬を貰えるのですか」

政宗は相変わらず微笑みを浮かべながら、こう応じた。

「俗に申します。〝ヒョウタンから駒が出る〟と」

大名たちは唖然《あぜん》とした。バカにしていた政宗が、自分たち以上のウイット（機知）を持っていたからである。

以後、政宗を〝東北の山ザル〟などと言う者はいなくなった。

「伊達殿は、大変な風流人だ」

と逆に尊敬する者が増えた。その場にいた政宗の部下たちはこのことを陣に戻って吹聴した。皆、喜んだ。そして、

「うちの殿様は、どこへ行っても格好いい。俺たち部下の自慢の殿だ」

と肩を叩き合ったという。

五章　人をたらす「心配り」

人たらしが発する「風度」

❖人は理屈で動かない。だから…

いくつかの例を挙げたように、

〝人たらし〟は、人間の心にひそむ前向きの衝動をかき立てることだ。

端的に言えば、

「発信者と受信者の間で交わされる〝以心伝心〟の交流」

である。いわゆる、

「テレパシーの交流」

だ。したがって、これは本能対本能の交流のようなもので、理屈で考えて何がどうだからこうなる、というようなものではない。そういう不可知的なものが人間にはある。一言で言えば、

「相手をその気にさせてしまう」

というものであって、理屈でどうのこうのと説明できるものではない。

もっとわかりやすい言い方をすれば、相手の胸をキュンとさせることだ。〝胸キュン〟だ。

衝動と言ってもいい。その衝動によって、

「この人の言うことなら正しい」

とか、

「この人のやることなら一緒に協力しよう」

と思わせる〝動機（モチベーション）づくり〟のもとになるパワーを言うのだ。いわば、

「相手に〝なら〟と思わせる〝らしさ〟」

のことである。

これを「風度」と言う。

「風度」というのは、固定的なものでも、また時限的なものでもない。

ある日ある時の状況によって、風度の質もつぎつぎと変わる。これは年齢・社会的立場・その事業の内容などによって常に異なる。

だから風度を発する側も、臨機応変にその〝らしさ〟を発信できるように、常日頃から一種の「自己修養」を欠くことができない。

いつ何時、どんなことが起ころうとも、それに対応できるような風度を発揮するためには、常時、その気になってその風度を高める努力が必要なのである。

現代におけるニコポンの名手

❖〝今太閤〟田中角栄の驚きの気配り術

現代におけるニコポンの名手に、たとえば首相だった田中角栄さんがいる。

伝え聞いたところでは、角栄さんが政府の大臣だった時に、秘書に向かって、

「ナニナニ部のだれだれを呼べ」

と言う。呼ばれた職員は恐る恐るやって来る。角栄さんの恐ろしさ（仕事に対する厳しさ）を知っているからだ。

ところが角栄さんはニッコリ笑って、

「おい、これをおまえの奥さんに渡せ」

と言う。差し出されたのはのし紙だ。職員はびっくりして、

「これはなんでしょうか」

と訊く。角栄さんは、

「今日はおまえの奥さんの誕生日だろう。祝ってやれ」

と告げる。職員はびっくりする。大臣がまさか平課長の自分の妻の誕生日まで覚えてくれているとは思っていなかったからである。これは完全に〝胸キュン〟になる。おそらくその職員も、

（この大臣のためなら、死力をつくして仕事をしよう）

という気になったに違いない。角栄さんは、汚職事件で末路を汚したが、日常の政治活動では、そういう細かい気配りをしていた。

❖上に立てる人間に共通する細やかさ

同じような経験が、わたしにもある。それは福田赳夫《たけお》さんが総理大臣だった時だ。

わたしは当時、都庁に勤めていて知事の秘書をやっていた。知事は美濃部亮吉さん（昭和四十二年～五十四年の三期、都知事を務めた）である。美濃部さんがわたしを呼んで言った。

「福田総理大臣が胆石で虎の門病院に入院された。ぼくの代わりに花をお見舞いに届けてほしい」

当時の政治状況からすれば、ちょっと妙なことになる。それは、美濃部さんはいわゆる「革新知事」と言われていた。保守政党であった自民党とは対立する。極端に言えば敵味方の仲だ。

しかし美濃部さんにはそういう考えはない。

「たとえ政策は違っても、知人である福田総理の見舞いに花を贈るのは不都合ではない」

と考えていた。

わたしは虎の門病院に行った。福田さんは嬉しそうな顔をして、

「ご苦労だった」

とお礼を言った。

しばらく経ってまた美濃部知事が、

「福田さんが今日退院される。お祝いの花を届けてほしい」

と言った。

わたしは今度もなんのためらいもなく病院に行った。花を貰った福田さんは、

「ありがとう。知事によろしく言ってくれ」

と言った後、わたしの顔を見て、

「おい」

と言った。

「はい」

と応ずると、福田さんはニッコリ笑って、

「おまえ、おでこのできものが無くなったな」

と言った。わたしはびっくりした。たしかにこの前、見舞いの花を届けた時に、わたしは額《ひたい》の隅に腫れものを一つつくっていたからである。それは一週間くらいで消えた。福田さんはそのことを覚えていて、

「できものが無くなったな」

と告げたのである。

総理大臣だから、それこそ毎日たくさんの見舞い客が訪れたことだろう。にもかかわらず、たかが都庁の一幹部に過ぎないわたしのちょっとした変化をも、きちんと記憶していたことに驚いた。

（これだから、みんな部下の職員がころりと参ってしまうのだな）

と、つくづく政府最高官僚の気遣いの細かさに感じ入った。

頑なな心を溶かす導き方

❖「仕事が面白くない」部下に対して

わたしは東京都庁に三十数年勤めた。しかし最初に入ったのは都庁ではなく出先の目黒区役所だった。

税務課に配属された。仕事は「税金の滞納整理」だった。

これには参った。というのは、ちょうど戦後の混乱期に遭遇していたので、「少しは誰かさんのお役に立つような仕事がしたい」

と思っていたからである。

滞納整理というのは、税金を滞納している住民の家を訪ねて、お金をもらってくる仕事だ。これが、当初「福祉のような、目に見えて税金のお返しができる仕事」を望んでいたわたしにとってはかなり辛かった。

　そのため、どうも仕事に身が入らない。そういう状況を見ていたのが当時、目黒区役所の税務課長だった福田貞義さんである。福田さんは面白い人で、いつも課長会が済むと、席に戻り、そこから大声を上げて、

「みんな、ちょっと聞いてくれ」

　と言って、課長会の内容を細かく話してくれた。今で言う「情報の共有」だ。しかし課員は仕事が忙しくて、とても課長の話など聞いていられないと言わんばかりの反応を示すと、福田さんは、

「みんな忙しいところを悪かったな。おれの話など聞いている暇はないよな」

　と言って、今度は自分でガリ版（謄写版。当時のコピー）にガリガリと書き、部下に刷らせてそれを課員に配った。「今日の課長会の報告」とタイトルが付けてあった。細やかな気配りができる人だった。

　その福田さんがある日わたしに、

「おい、おまえどうも仕事があまり面白くなさそうだな」

　と言う。わたしは、

「あまりではなく全然面白くありません」

と正直に言った。課長は、

「わかった。それでは今日駅前の喫茶店で待っていろ。話を聞こう」

と言った。わたしは喫茶店が苦手なので会う場所を居酒屋にしてもらった。夕方、その居酒屋で自分の気持ちを話した。課長は黙って聞いていたが、

「おまえはバカだな」

と言った。思わずむっとして、

「バカとはなんですか」

と食ってかかると課長は、

「おまえの仕事は知事や区長の代行をしているのだ。そのためにおまえの写真を貼った身分証明書を持っているのだ。本当は知事や区長がやらなければいけない仕事をおまえが代わってやっているのだという誇りを持て。そのためには、滞納者のところに行って、いただいた税はこういう使い方をするのだと予算の内容を説明する必要がある。予算書を読んだことがあるか」

と言うので、

「そんなものは読んだことがありません」

と応じた。課長は、

「そんなものとはなんだ。予算書というのは、都や区が行う仕事の内容を数字で表したものだ。議会が議決してくれる。それを基にしてわれわれは毎日仕事をしているのだ。よし、今日から勤務が終わった後、予算書のレクチャーをしてやる」

と熱心に言った。その熱意には圧倒された。

❖「黒澤さんの映画を観てこい」

しかし、まだわたしは自分の燻《くすぶ》っている気持ちを整理しきれなかった。

数日後、課長はその気配を感じ取った。またわたしを呼んだ。そして、

「日本人は、〝何を〟やっているかよりも〝誰が〟やっているかという言い手・やり手を基準にして物事を判断する癖がある。おまえもその口だろう。だれか尊敬している人がいるか」

と訊いた。わたしは、

「黒澤明さんです」

と映画監督の名を挙げた。課長は頷いた。そして、

「おれが言ってもおまえはなかなか言うことを聞かない。黒澤さんの言うことなら聞くと思う。黒澤さんの作った映画を観てこい。『七人の侍』と『生きる』だ。おれの言いたいことを、あの映画で黒澤さんが告げている。しっかり観てこい」

と言った。わたしは映画好きだから、すでに黒澤さんのその二本の映画は観ていた。しかし課長が、

「自分の言いたいことを黒澤さんが代弁している」

という意味はわからない。もう一度観た。そして悟った。『七人の侍』では、農民に頼まれた七人の侍が山賊退治を行う話だ。しかし勝った後、隊長が部下につぎのようなことを言う。

「勝ったのはわれわれではない、農民だ。常に真の勝利者は農民なのだ」

わたしはこのセリフで「ああそうか」と思った。福田課長が言いたかったのは、

「都政（区政）の主権者は住民なのだ」

　という主権在民の考えを学んでこいということだったのだ。

❖優れた上司は、優れた師

『生きる』では、

「公務の本当の目的は、誰かさんを喜ばせることにある」

　ということを学んだ。

　それを教えてくれたのは、小田切みきという女優が演じるお茶汲みのアルバイトだった。この子は、いくらお茶を入れても自分が配属された市民課の職員が、一つも身を入れて市民のために働かず、〝先延ばし〟や〝たらいまわし〟などでごまかしているのに嫌気がさし、退職して町工場に入る。

　工場の仕事はお人形を作ることだ。それも豪勢なものではなく、貧しい子供たちが喜ぶような動物の人形だった。そのアルバイトはウサギの人形を作る。しかし作るたびに、

「今日もまた、この人形さんを通じて日本のどこかの赤ちゃんと仲良くなれた」

と思う。わたしはこのアルバイトの姿勢に、

「公務の真の目標」

を知った。

「おれの言うことは聞かないだろうから、黒澤さんに学んでこい」

という雅量のあった福田さんは、その後のわたしにとって欠くことのできない師になった。

わたしは、

「優れた上司は、優れた師だ」

と思うようになった。だから、職位が高まりリーダー的立場に立つようになってからは、このことを念願とした。不徳の致すところで、ついに師にはなれなかったと思うが。

❖苦学力行の人ならではの視点

これも同じ目黒区役所での体験だ。

当時、君塚幸吉さんという助役がいた。苦学力行の人で、大学へ行くことができず、学

歴のないまま努力して助役になった。わたしもまた大学へは行けなかったが、本は好きだった。給料の大半は本につぎ込んだ。

当時は、電力事情が悪く夜の八時になると計画停電が行われていたので、本が読めない。そこでわたしは近くの私鉄の駅に行って、駅舎の中に点《とも》る電灯の光の下でよく立ち読みをしていた。

そんなわけで、衣類もあまりまともなものが買えなかった。夏など、ランニングシャツによれよれのズボンを履き、手拭いを破いてベルトの代わりにしていた。残りを腰にぶら下げる。靴もなかなか手に入れることができずに、下駄を履いて行った。

ある時、その格好で窓口の仕事をした。わたしはかなり正義感が強く、また短気だ。そのために窓口に来たいい加減な住民に対して激しい言葉を使ってしまった。それをじっと一人の議員さんが凝視していた。

❖人を動かせる人が持つ覚悟

九月の議会で、このことが質問に出た。それは、

「戦後の役所は民主主義によって、住民は主人となり、公務員はパブリック・サーバント（公僕）になった。したがって、僕《しもべ》は主人に対して礼を尽くすべきである。しかるに、税務課の窓口にいた某という若い職員の対応は、この主人に対する僕の態度では絶対にない」

と、その時のわたしの言動を再現し、区長に、

「こういう職員をどう考えるか」

と迫った。区長は、

「職員問題は助役に任せてありますので」

と言って助役に答弁を譲った。というよりも逃げた。

助役が立ち上がった。そして、

「先生のご主旨はよくわかります。おっしゃる通りだと思います。しかし先生は、現在若い職員がどのくらいの給料を貰っているかご存じでしょうか。おそらくかれらは、今の食糧事情から給料の大半を芋の買い出しで使い切ってしまうと思います。できればそういう状況を勘案していただいて、若い職員がワイシャツ一枚でも買えるようにベースアップをしてやってくれ、というようなご主旨のお話を頂戴できれば、当該職員もいかに感激する

ことでございましょうか」

傍聴席にいたわたしは瞼《まぶた》が熱くなった。以後のわたしは、本代をかなり縮小し、服装にも気をつけるように生き方を改めた。

この君塚さんも、わたしにとっては「父親のような師」になった。亡くなるまで親密なお付き合いをさせていただいた。

❖弱き者の先導者たれ

区役所の係長から都立大学の理学部事務長を経て、副主幹（課長級）になり、本丸の都庁の広報室に異動した。広報室長は橋本博夫さんと言った。

この人は職員に対し妙な癖があった。それは、これはと思う人間を発見すると、必ず自分の家に招いて、一緒に食事をすることだった。〝橋本さんの一本釣り〟と言われる有名な行事だった。蒲生氏郷に似ている。わたしも釣られた。

この日橋本さんは、自分が見学してきたパリのゴミ処理のフィルム（自分で撮ったもの）を見せてくれた。そして「都政でもやがてゴミが大きな課題になるぞ」と言った。

見ているうちに、屋根を叩く雨の音がした。かなり大きい。つまりドシャ降りだ。わたしは内心弱ったなと思った。傘の用意をしてこなかったからである。映写が終わり、食事も済んだ後、橋本さんが、

「どうする？」

と訊いた。どうするというのは、どうやって帰るのだということだ。わたしは、

「バスで帰ります。まだタクシーに乗るような身分ではありませんので」

と応じた。橋本さんは、

「あたりまえだ。課長ふぜいが今からタクシーに乗るなどは生意気だ」

と言った。その言い方が憎らしい。しかし橋本さんは、

「バス停まで送ってやる」

と言って、一緒に外に出た。傘をさしてくれた。雨勢《うせい》はかなり衰えてどしゃ降りではなくなっていたが、橋本さんは傘の大部分をわたしのほうへさしかけるので、自身の左側の肩がびしょ濡れになった。しかし橋本さんは平気でそのまま歩き続けた。

バス停に来ると、バスが来るまでそのままの姿勢で（つまりわたしに傘をさしかけたま

まで）じっと立っていた。

バスが来た。乗ったわたしは最後部に行って、ガラス窓を拭き、後ろを見た。橋本さんが傘をさしたまま遠ざかっていく。おそらくわたしがそうするであろうことを予測していたのだろう。傘を宙に突き上げて、二、三回大きく振った。江戸っ子である橋本さんはおそらく、

「あばよ」

と伝えようとしたのだ。キザだ。しかしわたしは橋本さんのキザさが、わたしという部下への愛情に満ち溢れているような気がして、この時も大きく胸をキュンと締め付けられた。

橋本さんもまた、都庁という本丸生活に全く馴染みのなかったわたしにとっての先導者であり、またわたしの目指す都政の大きな目標でもあった。荒れ野に立つ巨木のような頼もしさがあった。

六章　人をたらす「言葉」

人が従《つ》いていきたくなるトップのひと言

❖武蔵国の特殊性

徳川家康は大坂城で豊臣秀頼を滅ぼした後、「一国一城令」というのを出した。これは、

「一つの国が持てる城は一つとする」

ということで、一城以外の城は全部破壊させた。

ただ特例がある。たとえば武蔵国だ。

「くに」の制度は大化の改新以後の律令によって設けられた。六十八か国と言われる。そのため日本の全国をまとめて「六十余州」と呼んだ。州というのは「くに」のことである。

武蔵国が例外だというのは、すでに江戸城があるにもかかわらず、ほかに三城の設置が認められていたからだ。武蔵国は現在の東京都全域・埼玉県全域・神奈川県の一部によって構成されていた。ふつうなら江戸城があるので他の地域に城を設けることはできない。

にもかかわらず、現在の埼玉県内に三つの城が存置されていた。忍《おし》城・岩槻《いわつき》城・河越（川越）城の三城である。

これらの三城には、徳川初期には主として、「幕府の政策立案大名」が城主として配置されていた。たとえば、前に紹介した松平信綱や阿部忠秋なども全てこの地域の城主として配置されている。

したがって、外様大名を幕政に関与させない幕府とすれば、ほとんどが「譜代大名」であったと言える。

忍城というのは、現在の埼玉県行田市にある城だが、最初に城主になったのが三河譜代の大名松平家忠である。ついで徳川家康の四男忠吉が入り、以後酒井忠勝・松平信綱・阿部忠秋が城主となった。

以後、阿部系の大名が長い間城主を務めたが、文政六（一八二三）年に阿部氏に代わって桑名から松平忠堯《ただたか》が入封した。そして明治維新に至る。

❖災い転じて生まれた名産品

川越藩は、最初酒井重忠が入城したが、慶長十四（一六〇九）年に重忠の弟・酒井忠利が入り、さらに寛永四（一六二七）年に、酒井忠勝が八万石で入城した。

忠勝は幕府重臣中の重臣で、三代将軍家光をよく補佐した。江戸から馬上で話をし、話に夢中になった家光は知らないうちに川越城へ着いてしまったこともしばしばあったという。忠勝はやがて大老となる。

その後、家光の寵臣堀田正盛が入城するが、城下町に大火災が起こったのでその責任を取らされ、信州（長野県）松本城に移された。代わって入城したのが〝知恵伊豆〟の松平信綱である。

信綱は川越の復興を行い、さらに野火止用水などの民生にも意を尽くした。また、物流のために新河岸川《しんがし》の水運を整備した。

以後何代か信綱系の藩主が続いたが、やがて五代将軍綱吉の時にその腹心柳沢吉保が入城した。

川越城は城といっても館《やかた》風の平城だ。城というより居館と言ったほうがいい。吉保は学

問好きだったので、しばしばこの居館で本を読んだ。ところが城外に風が吹くと、埃が沢山舞い込んでくる。吉保は、家臣に、

「埃止めを作れ」

と命じた。

「どう致しましょうか」

と家臣が訊くと、吉保は、

「茶でも植えろ」

と命じた。そこで茶畑が沢山作られた。これが〝狭山茶〟の由来だという。本来なら〝川越茶〟と言うべきなのだろうが、商才にかけては、狭山地域の人々のほうが長けていたようだ。

❖江戸時代の諸藩は、いわば〝商事会社〟

柳沢吉保の後は、秋元喬知《たかとも》が、甲斐国（山梨県）谷村から入封した。この時喬知は、甲斐からいろいろな職人を招いた。特に養蚕関係が藩財政に実益をもたらすので、絹織物を

導入し、後に「川越平《かわごえひら》」と呼ばれる織物を作り出させたという。これは、

「他地域ですでにブランド商品になっているものをそのまま導入し、名称を新しい地域のものに変える商法」

と言っていいだろう。


徳川時代の大名家（藩）は、現在で言えば、「十割自治」なので、赤字財政になっても中央政府である徳川幕府は、一文の国庫補助金も地方交付税も支給してくれなかった。そのため各藩は、

「藩内でできる生産品に付加価値を加えて、市場価値を高める努力」

を行わなければならなかった。だから、生産と販売をともに藩が直営で行った例が多い。いわば藩は現在の商事会社だったと言っていいだろう。

❖藩財政を苦しめた交際費

江戸幕府の重職たちは、多少の役付き手当はついても、給与そのものは全部自国からの送金だ。したがって、家臣たちは主人が江戸幕府の役職に就くのはあまり歓迎しなかった。

金がかかるからである。

それだけでなく、次第に江戸屋敷の規模が大きくなり、人数も増える。また、幕府要人へのもてなしもしきりに行われるようになる。これは、大名に対し、

「お手伝い」

といって、幕府が行う諸事業を大名が代わりに行い、しかも〝アゴアシ自分持ち（食費や旅費は自己負担）〟というシステムなので、このお手伝いを命ぜられるのは大きな負担であった。そこで事前にこの情報をキャッチし、できれば、

「そのお手伝いを他大名に回してしまう」

というような策謀がしばしば行われた。また、

「今度はどんなお手伝いを命ぜられるのか」

という情報を、いち早くキャッチするためには、江戸城の要人たちを酒亭などでご馳走して秘密を洩らさせる必要があった。そのため大名家の江戸藩邸における交際費がとてつもなく大きくなり、これが国許の財政を苦しめた。

❖船中で藩の金を盗まれた武士は…

秋元喬知もある時老中になった。老中手当などはないから、川越から送金してもらわなければならない。喬知は名君で、自分の暮らしもかなり節約していたから、重役は喬知から、

「金が足りなくなった。送金を頼む」

という依頼が来ても、快くこれに応じていた。

ある時、また送金依頼が来たのでAという武士に金を預け、これを江戸城へ持参させた。Aが交通機関として使ったのが松平信綱が整備した新河岸川の川越夜舟である。川越夜舟にも、今でいえば特急と普通の別があった。当然特急は金がかかる。Aは特急を使って、夜舟に乗った。

ところが日頃激務に従事しているので、疲れが出て、舟がスイスイ走る中でうっかり寝込んでしまった。江戸の岸辺に着いたのは翌日の朝である。Aは伸びをしながら、江戸到着を喜んだ。

しかし、首に手を回してびっくりした。首に掛けた金の袋が無くなっていたからである。すでに、乗客たちは岸に降り、スタスタと去ってしまった。船頭が気を利かして、

（お侍さんがお疲れだ。みんなが降りるまで寝かしておいてあげよう）

と思っていたから、Aは最後まで起こしてもらえなかったのである。真っ青になったAは船頭に食ってかかった。

「金の袋を盗まれた」

「え、そりゃ大変だ」

船頭もびっくりした。しかし、四方八方に散ってしまった乗客たちの姿は消えている。第一どこへ行ったのかわからない。これはあくまでもAの不注意である。Aは船頭に散々文句を言ったが、言うほうが無理だ。しおしおと江戸藩邸に行ったAは家老にこのことを報告した。そして、

「いかなるお咎めを受けようとも、甘んじて罰を受けます」

と申し出た。殊勝な態度に江戸家老も同情はしたが、しかし問題がそれで解決するわけではない。江戸家老は正直にこのことを喬知に報告した。報告を受けた喬知は心の中で思わず、

（これは弱ったな）

と感じた。そこで彼は家老に、

「Aを呼べ」

と命じた。家老に連れられてやって来たAは真っ青になっていた。船で目を覚まして以来心が落ち着かない。どんな罰を受けるかという恐怖よりも、主人の喬知を困らせてしまったことのほうに意識が行っていた。かれも国許に勤める武士だから、藩の赤字続きの財政のことはよく知っている。おそらく藩では、

「殿のためにもう一度送金しよう」

ということになるだろうが、しかしそれでは自分の立場として実に申し訳なく謝罪の仕様がない。かれは、

（切腹以外ない）

と覚悟を決めていた。

❖喬知が失意の武士にかけた珠玉のひと言

喬知はAの決意を含めた報告を受けると、しばらく目を閉じた。やがて目を開くと喬知

はAに訊いた。

「金を入れた袋はどのような運び方をしたのだ？」

「大切な袋ゆえ、首に掛けておりました」

「首にか」

オウム返しにAの言葉を復唱した喬知は、急にニコリと笑うとこう言った。

「これからは、首に掛けるよりも心に掛けよ」

「……」

喬知はそれ以上Aの失敗を追及しなかった。家老にもその温情が伝わった。当のAは、ただ俯《うつむ》いて肩を震わせていた。泣いていた。

この話もたちまち口コミで江戸藩邸に広がった。普段から喬知を尊敬している江戸在勤の武士たちも、さらに、

「このご主人のためなら」

という忠誠心をいよいよ強くした。

❖下の者にもっとうまいものを食わせよ

喬知の〝人たらし〟エピソードはまだある。ある日、川越城で食事をしながら喬知は、世話をする者に、

「この城で使う味噌は一種類か」

と訊いた。世話をする者は、

「いえ、三種類ございます」

と答えた。

「三種類とは？」

重ねて尋ねる喬知に、世話人は、

「上中下の三つでございます。上は殿、中は藩内のご老職などの重役方、下は一般の藩士に出しております」

「そうか」

喬知は、その三種類の味噌を持ってこさせ、少しずつ嘗《な》めてみた。やがてこう言った。

「上はたしかに旨い。しかし、これをわしだけで食することは気が引ける。下はまずい。

この味噌を供されては、わしのために、あるいは秋元家のために一所懸命働こうなどとはだれも思わぬ。そこでこうしょう。今後は中の味噌一本に絞って、わしも重役も一般の藩士もすべてに供せよ。そうすれば、特に下級の者たちが仕事に精を出すであろう」

世話人は何とも言えなかった。ただ喬知の心遣いに、頭を下げるだけだった。その後、秋元家の食生活は改善され、味噌だけでなく、

「階級によって、区別されていた食材」

が統一された。これによって、秋元家の武士たちのモラール（やる気）は大いに高まった。

❖底意地の悪い男をタジタジにさせた切り返し

喬知は寺社奉行を務めたことがある。性質《たち》の悪い山伏《やまぶし》がいて訴状を出した。しかしその訴状は全部難しい漢字を並べていて、喬知の部下には読める者がいなかった。山伏は得意になって、

「今の寺社奉行所には、わしの書いた訴状を一行たりとも読める者がいない。そんな無学な者が、寺社奉行所に勤めるなど生意気だ」

と吹聴して歩いた。

このことが喬知の耳に入った。喬知はその山伏を呼び出した。そして、

「おまえが出した訴状を読み上げる」

といって、朗々と訴状の全文を高らかに読み上げた。山伏は、

（さすがに奉行となると違う。わしの訴状をきちんと読んでいる）

と感じた。ところが喬知はその山伏に対し、最後にこう言った。

「山伏よ、そのほうは一体どこの国の人間だ？」

「言うまでもなくこの国、すなわち日本の人間でございます」

「ならば、我が国の文字で訴状をしたためよ。そのほうの訴状は漢字ばかりだ。おそらく、そのほうになんらかの非分があって、それを隠すためにあえて隣国の文字を並べたのに違いない。訴えの趣はすべて我が国の文字にしたため直せ。このような訴状は一切受け付けぬ」

と言って、山伏の出した漢字だらけの訴状を放り投げた。山伏は顔を赤らめ恐縮した。脇にいた奉行所役人たちは一斉に顔を見合わせ、目と目で、

「御奉行様が、われわれのやりたいことを代わってやってくださった」

と喜び合った。

もちろんこのことは口コミで市中にも流れて行く。町人たちも喜んだ。この山伏は前から知識をひけらかしては、一般の人々をだましていたからである。秋元喬知は、寺社奉行としても名声を博したのである。

❖赤穂浪士に勝るとも劣らない忠誠心の源

喬知が老中だった時に、〝忠臣蔵〟事件が起こった。大評判となり、江戸城内でもこの噂で持ちきりだった。大名たちが喬知のところにやって来て、

「赤穂藩浅野家は、五万石の少禄なのに四十七人もの義士が生まれたということは、素晴らしいことですな」

と言った。喬知はその大名をジロリと睨んでこう応じた。

「五万石と言えば、家臣は三百人余いたはずです。それがたったの四十七人しか忠臣が出ないということは、主君浅野に徳がなかったためでしょう。憚《はばか》りながら、わが秋元家に於《お》

いては、上から下まで全員が忠臣となります」

恥を掻かされた大名は思わず赤面したが、しかし抗弁はしなかった。それは喬知の普段の行いから、

「秋元家ならきっとそうなるだろう」

ということを、ほとんどの大名が知っていたからである。

「秋元殿は、実行力もないくせに大口ばかり叩く」

などと思う者はだれもいなかった。もちろん、喬知の家臣たちはこのことを聞いて、みんな口々に、

「だから、おれたちは幸福者なのだ。あの殿のためには、いつでも命を投げ出すぞ」

と、改めて誓い合う雰囲気を、常に湛《たた》えていたのである。この時もそうだった。

七章　人をたらす「負けて勝つ」極意

〝一歩退く〟ことがやる気を引き出す

❖人たらしは身近なところにもいる

「自分以外、すべて師だ」

と言い切ったのは、吉川英治さん(名作『宮本武蔵』の作者)である。わたしは若い時からこの言葉を自分の胸の一隅に置いている。

『宮本武蔵』は、そのまま「吉川武蔵」と言っていい作品で、少年時代からの艱難辛苦《かんなんしんく》を越えて大成した吉川さんの「自伝」とも言える作品だからだ。

残念ながら、吉川さんの「宮本武蔵」を超える〝武蔵もの〟は、その後出ていないと思う。出にくいのだ。吉川さんと同じ経験をしていないわれわれには、到底吉川さんの書いた武蔵を超える作品など書けるはずがない。その吉川さんが、

「自分以外、すべて師だ」

と言われたのは、おそらく武蔵の難行苦行のエピソードの一つひとつに、武蔵に託した自らの体験が練り込まれているからだろう。

そういう吉川さんの言葉の実践の一つとして、わたしはよくタクシーのドライバーに話しかけることが多い。全てではないが〝学べる運転手さん〟が沢山いる。特に、珍しい姓にぶつかると、

「運転手さんは、どちらのご出身？」

と訊く。それは姓と地名との関わりが深く、珍しい姓は珍しい地名の地域出身者に多いからである。

そんなことから話がほぐれて、あらぬ方向へ行くことがある。時折、会社の内情についても話してくれることがある。

「うちの社長は偉い人ですよ」

「なぜ？」

「夏の日など、われわれの控え室に大きな冷蔵庫を置きましてね、その扉に紙を貼りつけるんです。紙には、『ドライバーの皆さんご苦労様です。冷蔵庫の中にアイスクリームを

入れておきましたから、各自一つずつ召し上がってください。ご苦労さま』と書いてあります。これには参りますね。胸がキュンとして、ああ、この社長のためだったら辛いけれど今日もまた一所懸命働こう、という気になりますよ。とにかく、うちの社長はたいしたものです」

などという話を聞く。わたしは、

(〝人たらし〟は、身近なところにもいるのだ)

と安心する。こういう話は現場の人からでないと聞けない。だから、おそらく歴史の時代も同じだったのではなかろうか。

❖新技術になかなか対応できない古株には

鍋島直茂も、その言行から推し量るとやはり〝人たらし〟と言える大名だった。

直茂は、豊臣秀吉の判断によって、主人の龍造寺政家に代わって肥前佐賀地方の管理を任された人物である。直茂は龍造寺家の家老だった。しかし政家が秀吉の〝期待する大名〟ではなかったので、交代させられたのである。

直茂は主家に義理を感じていたので、決して初代佐賀藩主の座には就かなかった。自分の子勝茂を初代とした。したがって直茂は正確には大名と言えない。大名の父である。勝茂はそういう経緯を知っていたのかどうか、気鋭の人物で、佐賀城主になると、しきりに家臣の鍛錬に力を尽くした。武備も整備した。鉄砲を導入した。そして鉄砲奉行に、

「家臣全てに、鉄砲を修練させよ」

と命じた。鉄砲奉行も勝茂を怖れていたから、命令通り、老いも若きも動員し、厳しい訓練を施した。

これはたとえてみれば、今まで大福帳とソロバンで仕事をしてきた連中に、いきなりパソコンやコンピューターを持ち込んで、

「これからは、こういう機器によって仕事をせよ」

と命じたようなものだ。まごつく古手も沢山いた。しかし鉄砲奉行は容赦しなかった。

「グズグズしていると、勝茂様に申し上げるぞ」

と脅した。虎の威を借るキツネだ。

高齢の家臣に齋藤用之助という人物がいた。かれだけは頑として鉄砲奉行の指示には従

わない。

「おれにはそんな新しい武器は向かない」

と言って、絶対に訓練には出てこない。つまり、

「高齢者には高齢者なりに、今までの仕事のやり方で十分鍋島家に奉仕してきた。また、実績も上げてきた」

という自負である。鉄砲奉行は弱った。勝茂に報告した。勝茂は、

「たとえ功臣であろうと、例外は認めない。そんなことをすれば、他にも齋藤と同じような不届き者が出てくる。齋藤も引きずり出せ」

と命じた。見せしめにしろというのだ。鉄砲奉行は齋藤のところに行ってこのことを話した。そして、

「何がなんでも勝茂様のご命令だ。従わぬとおぬし、酷い目に遭うぞ」

と脅した。

齋藤は考えた。それは、

（わしがいつまでも突っ張っていると、他の高齢者に累が及ぶ）

という心配だ。そこである日、意を決して、

「わしも訓練に出る」

と鉄砲奉行に伝えた。

❖若手とベテランをどう融合させるか

しかし、その訓練ぶりがとてつもなかった。空へ向かって撃つ。あるいは地べたに向かって撃つ。隊長の命じた的には絶対に銃先を向けない。危なくて仕方がない。みんなピョンピョン跳ねながら、齋藤の撃つ弾を避けた。

鉄砲奉行は弱り切った。また勝茂に報告した。勝茂は眉を寄せた。そして、

「わかった。老人のわがままをそのまま認めれば、佐賀軍の改革はできない。父上に申し上げる。そして齋藤を処罰してもらおう」

勝茂は父の直茂の隠居所に行った。齋藤用之助のことを細かく報告した。

直茂は茶を点《た》てながら黙って息子の言うことを聞いた。茶を点てると息子の勝茂に勧めた。飲み終わった勝茂は、

「父上、他の者への見せしめのためにも、齋藤用之助に切腹をお命じください」

と迫った。直茂はじろりと息子を見た後、こう言った。

「齋藤に腹を切らせる必要はない。代わりに鉄砲奉行を切腹させよ」

「はあ？」

勝茂は驚いた。藩主の指示に従わない齋藤にお構いなく、命令に従って仕事を遂行していた鉄砲奉行に切腹を命じろというのだ。こんな目茶苦茶な話はない。抗議した。

ところが直茂は自分が点てた茶を静かに飲みながらこう言った。

「そもそも、おまえが今藩主の座に座っていられるのは、齋藤のような古参の連中の鍋島に対する貢献度が土台になっている。わしなど、どれだけ齋藤の世話になったかわからない。今齋藤に腹を切らせることは、おまえだけでなくわしへの貢献度も高かった功臣を失うことになる。忍びない。わしは齋藤にはどれだけの褒美を与えても与えきれないと今でも思っている。そういう連中も併せて使いこなせるようにならなければ、おまえはまだ鍋島家のトップとは言えない。心せよ」

と告げた。勝茂は考えた。そして、

（父の言うことにも一理ある）

と感じた。たしかに佐賀城内の古手と新規採用の武士との間ではギクシャクした空気が流れている。勝茂は、

（そのギクシャクの原因は、わしの性急な改革にあるのだ）

と悟った。古い功臣と新しい気鋭の藩士たちとの融合を、一挙に行おうとして、勝茂は、

「刀や槍に代えて鉄砲を使おう」

と考えたのだが、あまり急ぎすぎる方法はやはり根づかない。第一、やる側が納得しない。齋藤用之助はその代表だ。勝茂は鉄砲奉行を呼んだ。父の言うようにまさか切腹はさせなかったが、

「時間をかけて、古手と新しい武士たちの融合を図ろう。わしも少し急ぎすぎた」

と説得した。鉄砲奉行も納得した。かれにしても、齋藤のように目茶苦茶な練習をする者がいたのでは、いくら全員が鉄砲を習うといっても効果は上がらないと感じていたからである。

あえて泥をかぶる心意気が人を動かす

❖二代将軍・徳川秀忠を支えた諫臣

徳川家康が座右の書にした、唐の太宗の言行を記録した『貞観政要《じょうがんせいよう》』には、いろいろなテーマが設定されているが、中に「家臣の諫《いさ》めを主君はどう聞くか」というのがある。編者が言いたいのは、

「トップが名君と言われるためには、忠臣の諫言《かんげん》をよく聞かなければならない」

ということである。

二代将軍徳川秀忠は、初代の家康とは打って変わって人情深い人物だった。しかし、だからといって秀忠は、

「父と違った性格を持つ自分は、これで二代目将軍として十分な資格がある」

とは考えなかった。よく、

「今のままでいいのだろうか」

と自分を振り返った。そのために諫臣の意見をよく聞いた。その一人に土井利勝がいた。老中だ。土井の容姿は、徳川家康によく似ていたという。そのため、

「土井様は神君（家康）の隠し子ではないのか」

という噂がしきりだった。だから秀忠も土井に何か言われると、父の家康から意見されているような気持ちになった。土井の言うことはよく聞いた。


秀忠は、大のタバコ嫌いだった。ちょうど戦国が終わる頃に日本にタバコが入ってきて、江戸城内でもこれが流行りはじめた。わたしはタバコを吸わないのでよくはわからないが、やはりハマると一種の中毒症状になるような気がする。吸いたくなると居ても立ってもいられない。ところが秀忠は、

「江戸城内では一切禁煙とする」

という触れを出した。そしてその取り締まりを、総務部長的老中である土井利勝に命じた。さらに、

「それでも触れを守らずに、城内で隠れて吸うような者は、びしびし摘発せよ」

と命じて「タバコ目付」という職まで設けた。

タバコ目付は始終江戸城内を歩き回って、タバコを隠れて吸っている連中を摘発する役を負っていた。正直に言うと、土井は総務部長として、

「秀忠公の触れは少し厳しすぎる。タバコが中毒症状になるのは一種の病気なのだから、気長に治していく必要がある」

と、半ば同情的な立場をとっていた。しかし土井も総務部長として秀忠の命令は重んじなければならない。

❖江戸城の禁を破った武士たちに取った行動

ある時、

「城内の一画で、タバコを隠れて吸っている連中がいる」

という目付からの報告が入った。土井は、

「どこだ?」

と訊いた。目付は、

「どうも茶飲み場のようです」

と告げた。茶飲み場といってもそこで茶を飲むわけではない。城中のあちこちに配る茶を用意する部屋なのだ。茶飲み場も江戸城内の職場の一つだから、私的な場所ではない。公的な場所だ。このことが秀忠の耳にも入って、秀忠はすぐ土井を呼んだ。

「ただちに取り締まれ」

はいと返事はしたものの土井は弱った。そこで目付たちに、

「あまり大仰に騒ぐな。わしがなんとかする」

と言って、ある時その隠れ喫煙室である茶飲み場に出掛けていった。予告はしない。廊下を歩いていくと、その部屋から煙が漏れている。土井は、

(ははあ、連中がまたタバコを吸っているな)

と感じた。その通りだった。隠れて吸う連中は、所狭しと茶飲み場に集まって互いに煙管《キセル》を回していた。そして室内に籠もった煙を、わずかに開けた戸から手で払い出していた。

そこへ、ガラリと戸を開けて、土井が入ってきた。隠れて吸っていた連中はびっくりした。みんな慌てて煙を手で払ったが、そんなことでは間に合わない。土井はニヤッと笑った。そして連中に言った。

「どうだ？　タバコは隠れて吸うのが一番うまいだろう」

連中は唖然とした。声を失った。その連中に土井が言った。

「わしにも一服よこせ」

「え？」

連中は思わず顔を見合わせた。

（うまいことを言ってわれわれをだまし、あとでわれわれをこっぴどく処罰するおつもりだろう）

と疑った。

だから、迂闊《うかつ》には煙管を回さない。土井はそれを見て、

「おい、わしにも吸わせろよ」

仕方なく一人が煙管にタバコを詰め、火をつけた。土井はそれを深々と吸った。そして

大きく息を吐いて煙を出しながら、

「ああ、うまい。やはりタバコは隠れて吸うに限るなあ」

そう言うとなんにも言わずにそのまま茶飲み場から出て行ってしまった。みんなホッとしたものの、後の始末を怖れた。

「土井様は必ず上様（秀忠）に報告するぞ。どんなお咎めが来るかしれたものではない」

「本当に悪い現場を見つかってしまったなあ。目付の奴め」

と自分たちのことは棚に上げて目付を憎んだ。

しかし、その連中に対しては、何日経ってもなんのお咎めもなかった。ただこんな噂が伝わってきた。それは、

「タバコを隠れて吸っていた連中と付き合った御老中の土井様が、上様からこっぴどく叱られた」

というものだ。連中は目を丸くした。そして、

「あの時土井様は何もおっしゃらなかったが、われわれの罪を全部被ってくださったのだ。

それでいながら、われわれには何もおっしゃらないのだ」

隠れて吸っていた連中は思わず胸がキュンとした。土井の、自分が罪を引っ被って禁を犯した連中には一言も言わない度量の大きさに胸を打たれたのである。そのことは同時に連中に、

「これからは、隠れてタバコを吸うのはやめよう。土井様にご迷惑がかかる」

という気持ちを湧かせた。その後は、目付たちがいくら走り回っても、

「あの部屋で、タバコを隠れて吸っております」

という報告は全く絶えた。土井はニコリと微笑んだ。

❖覚悟ある温情が組織の空気を変えた

そして城中がそういう状況になるとはじめて土井は秀忠のところに行った。こんなことを上申した。

・上様のタバコ嫌いはよく存じております

・しかし、一方でタバコに取りつかれた者は容易にやめることができません。一種の病気でございます

・城中全体が禁煙状況になれば申すことはありませんが、わたくしの感じではこれは無理だと思います

・そこで、城内では時間と場所を限って、喫煙室を設け喫煙を認めることになさってはいかがでございましょうか

・タバコ嫌いの上様がタバコ好きの連中に温情をお示しになる、最もよい機会でございましょう

秀忠も実を言えば、城内の噂を聞いていた。それは、

「御老中の土井様が、タバコを隠れて吸っている連中を庇《かば》って自らその罪を買って出た」

というものだ。人情派の秀忠は、こういう話が好きだ。父親に似た風貌をしているので多少煙ったい土井にそういう優しさがあったかと、秀忠自身が胸をキュンとさせていたのである。そこで土井の進言に、

「わかった。よきに計らえ」

と、江戸城内に喫煙室を設置することに許可を与えた。これによって、喫煙派は大っぴらにタバコが吸えるようになった。土井の人気が高まったことは言うまでもない。

土井は秀忠の時代を完全に職務を全うし、さらに次の家光の時代にも老中として忠節を尽くした。

八章　人をたらす「男の器量」

士気が低い若手のやる気を引き出した決断

❖どんな人物を採用するのが組織のためになるか

二〇一六年四月に起きた熊本地震のために、あちこちが崩れ、修復には十年余かかるといわれる熊本城は、加藤清正が築城した。

清正は築城の名人で、同時に城下町の設計にも優れた才能を持っていた。報道でしばしば出てきた大津町という地域は、街道が通っている。大津街道と言う。清正は熊本城を造った時に、この大津街道に沢山の木を植えた。単なる街路樹ではない。

「島津が攻めてきた時に、ここで木を切り倒して防ぐのだ」

と、南方の島津家の反乱を予期していた。また城内にイチョウの木を沢山植えた。それは、

「銀杏《ぎんなん》を非常食とするため」

だという。また城内には最初畳を敷かずに、里芋の茎を敷き詰めたという。これも、

「米が足りない時の非常食とする」

　という企てだったという。城にこれだけの心配りをする清正は、家臣にもいろいろと気を遣った。かれの、

「家臣思い」

　は有名で、他の大名家にも響き渡っていた。そのために、

「ぜひ清正公の家臣になりたい」

　という声があちこちであがり、熊本城へ再就職を希望する武士たちの訪問が途切れることがなかった。

　ある時、老年・壮年・青年それぞれの男が、再就職を希望して熊本城にやって来た。こういう訪問者に慣れているので、清正は重役たちに面接を任せていた。今でも同じだが、面接員が希望者に訊くのは、

「なぜ、この会社を希望するのか」

　ということである。今なら「大手だから」とか「安定しているから」などという答えが出てくる。しかし清正の方針で、

「そんな安直な回答をするような者は絶対に不採用とせよ」

と命じていた。ところがこの日の老人の答えは、

「長年、あちこちの合戦で疲れました。熊本城の一隅で茶を飲みながら、合戦話でもさせていただければありがたいと思います」

と言った。重役たちは顔を見合わせ、

(とんでもない奴だ)

と思った。当然こんな老人は不合格にしようと、重役たちは目と目で合図した。

壮年の男はこう言った。

「わたしもあちこちの戦場で武功をあげましたが、上が一向に認めてくれません。清正公なら、正しくわたしの武功をお認めくださると思い、こちらへやって参りました」

と言う。重役たちは心の中で、

(いい年になりながら、まだ出世したいのか。あさましい奴だ)

と不快に思った。

最後の三人目の青年はこんなことを言った。

・事前にいろいろと加藤家の内情を調べました
・加藤家は安泰し、また清正公の名声によって諸国の武士が勤めたいナンバーワンの大名家になっています
・しかし、その加藤家にも大きな危機が三つあります。一つはこれこれ、二つめはこれこれ、三つめはこれこれです

と、自分の考える「加藤家の危機」を指摘した後に、

・最初の危機は首脳部の問題で、ヒラには参画できません。二つめの危機も城の管理職の問題で、これもヒラには参画できません。ただし三の危機は、熊本城に勤める者は誰でも参画しなければいけない問題です
・わたしをもし採用していただけるなら、ヒラとしての第三の危機に対する解決策を考えてきました

・その解決策とは以下のようなものです

と、滔々《とうとう》と自分の考えを述べ立てた。重役たちは圧倒された。互いに顔を見合わせながら目と目で、

（この若者は優秀だ。ぜひ合格にしよう）

と申し合わせた。

❖優秀な若者を採ってはいけない？

重役たちが揃って結果を清正に報告した。黙って聞いていた清正は自分の結論を伝えた。それは、

「老人と壮年の男は採用する。しかし若者は不合格とする」

という決定であった。重役たちは意外に思った。そこで重役代表が、

「納得できません。老人と壮年はまだ私欲があって、加藤家のことを考えておりません。そこへ行くと若者は加藤家の危機を指摘し、自分なりの解決策を示しました。あの若者を

採用すれば、城の若者たちの刺激にもなりましょう。ぜひ若者はご採用を。老人と壮年は当家では必要ありません」

と反論した。清正は笑い出した。そして、

「わしが老人と壮年を採用し、青年を不合格とする理由をこれから話そう」

と言って、自分の考えを述べた。次のようなものだった。

・老人は、きっと名のある人物に違いない。しかしかつて仕えた家の名は出さない。奥ゆかしい

・老人の希望を叶えて城の一画に茶飲み場所を与えれば、おそらく城内の悩みを抱えた連中が訪ねて行くに違いない。老人はそういう連中のよい相談役になるはずだ

・壮年の男は、城の幹部職たちのよい刺激になる。今熊本城に勤める幹部は、少し弛《たる》んでいる。これは、加藤家の名が諸国に響いて、安定と安心感を持たせてしまったからだ

・この幹部たちの弛みは、若者たちにも影響している。若者たちの士気が一向に振るわないのは幹部たちの指導力が劣っているからだ

・したがって二番目の壮年を採用して間違いない
・おまえたちが言う、うちの若者たちに元気がないというのは、幹部たちの指導が悪いからだ
・幹部たちをあの壮年が掻きまわし、奮起させれば、幹部たちの指導力がよみがえり、若者ももっと生き生きと仕事をするに違いない
・あの若者は不合格とする。おまえたちの言うように覇気と行動力があれば、何も加藤家ではなく他の大名家に行っても十分役に立つだろう

そう言った後、清正は、

「わしは、うちの若者はすべて優秀だと思っている。その力が発揮できないのは、すべて幹部の責任だ」

と告げた。

❖若い武士たちのやる気を高めた裁定

熊本城では、老人は城の一画に部屋を貰って、今で言う〝カウンセリング〟をはじめた。城内における人間関係の煩わしさや、いろいろ起こる上司との軋轢《あつれき》、あるいは自分に向かない仕事を与えられた苦しさなどを訴える。

さすがに老人は、千軍万馬の経験者だった。どんなケースを持ち込まれても的確な答え方をした。城内で評判になった。

「あの老人のところに相談に行くと、全てを解決してもらえる」

壮年の男は、言ってみれば〝沼に投げ込まれた石〟のような役割を果たした。つまり波を立てたのである。沈滞していた城内の職場にそれぞれ波が立ち、風が吹いて荒れはじめた。しかし悪い荒れ方ではない。いわゆる〝活気〟がよみがえったのだ。それによって中間管理職が息を吹き返した。特に、

「若い連中に対するリーダーシップ」

を生き生きと発揮しはじめた。加藤清正が面接試験の時に、優秀な若者を退けて、

「うちの若者は優秀だぞ。それが力を発揮していないのは、すべて上役の責任だ」

と言ったことは、城内に広まっていた。若い連中は一斉に気勢を上げた。そして、

「清正公のためなら、いつでも馬前で討ち死にする」

とモラール（やる気）を高めていた。清正の中途採用者に対する裁決が見事に功を奏したのである。これがさらに評判になって、

「熊本城で働きたい」

という希望者がいよいよ多くなっていった。

❖部下の手柄は〝その日〟のうちに報いよ

清正の〝部下思い〟については、こんな話も残されている。

ある時、清正は手柄を立てた部下たちの論功行賞を行った。ところがその日の深夜、突然清正が重役の一人に急ぎの使者を出した。その内容は、

「今日の表彰で、一人漏らした者がいる。今それを思い出した。どこか頭に引っかかるものがあって寝られなかったのだが、理由がそのことだと思い当たった。すぐ本人に連絡してやってくれ」

「しかし、もう夜中ですから明日の朝一番に連絡をします」

重役がそう言うと、清正は、

「いや、だめだ。すぐ使いを出して本人に知らせてくれ。そして、わしが忘れていたことを謝ってほしい」

言い出したら聞かない清正のことだ。重役も仕方なくすぐ使いを出して、本人にそのことを伝えた。本人は落ち込んでいた。それは、

「周囲の者がみんな表彰されているのに、なぜ同じ手柄を立てた自分が選ばれなかったのだろう。何か落ち度があったのだろうか」

と、これまた眠れずに悩んでいたからである。

使いを受けて本人は喜んだ。そして、

「清正公は本当に有り難い。おれのことも忘れずにいてくださったのだ」

こういう細かい心遣いも清正の部下思いの表れだったのである。

〝日本一頭のいい男〟が示した度量

❖戦国の〝風雲児〟に集まった期待

戦国時代から江戸時代初期にかけて、〝日本一頭のいい男〟と呼ばれたのが、黒田官兵衛孝高《よしたか》である。号を如水と言った。

頭が鋭いと言われるだけあって、部下の使い方も一風変わっていた。

黒田如水は、関ヶ原の本戦には参加していない。息子の長政が家康側について参陣しているからである。

しかし、隠居としてのかれも家康のために働こうという気概を持っていた。そこで預かった拠点の中津城（大分県）で参加者の募集をした。浪人が群がった。

「黒田如水公が、人を集めておられる」

ということが口コミで伝わって、われもわれもと多くの浪人者が募集に応じてきたからである。この時の如水の態度が面白い。かれは集まった浪人たちに言った。

「わしはまだ石田三成に味方するか、徳川家康に味方するかは決めていない。今日集まったおぬしたちの中で、この黒田のために働きたいという者だけが残ってほしい。あとは自由にされよ」

と告げた。つまり、自分は東軍・西軍のどっちに味方するか態度は決めていない。集まった連中の中で、

「如水のために働きたい」

という者だけに残ってほしい、という宣言である。ガヤガヤと浪人たちは騒ぎはじめた。去っていく者もいた。しかし残る者もいた。

「如水公の考えは面白い。おれは如水公のために命を捨てる」

という者も沢山いたからである。浪人たちも特に、石田三成や徳川家康に対する忠誠心を持っているわけではない。彼らは長い浪々生活に嫌気が差していた。

「どっちでもいいから、われわれの生活を安定させてくれるような主人に仕えたい」

という、いわば生活本位の欲望から応募したのである。

ただ、黒田如水の名は有名だった。だから九州の一画に城（中津城）を構えている如水の名を慕って集まってきたのだ。本来なら、合戦の行われる近畿地方で応募すればよいはずだ。にもかかわらず、九州に住んでいる浪人もいただろうが、上方から下ってきた浪人たちもいて、かれらにはやはり、

「如水公ならここ一番で何かしでかすはずだ」

という期待があったからである。それほど如水はこの時代の〝風雲児〟であった。

❖集まった浪人たちを感動させた懐の深さ

如水は城内の広場に陣どって、部下を指揮しながら集まった浪人たちに支度金を渡していた。つぎつぎと浪人たちは金を受け取っては城門から出ていった。部下が近寄ってきてそっと囁いた。

「ご隠居様」

「何だ？」

「前から三番目の男は、さっき一度金を受け取った人間です。すました顔をして二度受け

取ろうとしております。懲らしめますか」

これを聞くと、如水はジロリとその三番目の男を見た。が、すぐ首を横に振った。

「やめろ。金は払ってやれ」

「しかし、同じ人間に二度払いをするのは」

「いい」

如水は頑として言った。番が来て金を受け取った男は如水を見た。そしてニコリと笑った。軽く頭を下げた。如水も頷き返した。二人の間には、何か暗黙の了解があるようだ。

その浪人が去ると部下が訊いた。

「なぜ、あの男だけに二度払いをお認めになったのですか」

「あいつは正直な男だ。一度払いの金では、自分の武具が揃わぬ。つまり支度ができぬ。支度金が足りないからだ。だから二度払いではない。最初の分と今度の分とで分割払いをしただけだ」

そう言って如水は大きく笑った。部下は呆れた。しかしこの話はすぐ浪人たちに漏れた。浪人たちは感嘆した。

「やはり如水公は大したものだ。平然と二度払いをする。しかもそれは自分の出す支度金が足りないからだ、と部下を説得している。武士の情けを心得た仕え甲斐のある大将だ」

そう言って、集まった浪人たちは中津城にやって来たことが決して無駄ではないことを知った。

それは、今後如水がどういう合戦を展開するのか、そして勝つのか負けるのか、そんなことは関係なかった。二度払いを受けるような情けない浪人に対しても、それを暴いて咎めることなく善意に解釈して、本人の屈辱を救う。その温情にみんな胸を打たれたのである。

❖あえて自分の意見は言わない、という信念

関ヶ原の合戦後、息子の長政とともに福岡城に移った黒田如水は、福岡城内に有名な「異見会」というのを作った。

これは、城に勤める者は、異見会を開いた時は任意に出席せよ。そして、「福岡藩政について思うところを述べよ」という趣旨の会議であった。規約を作った。

・出席者の資格は問わない
・城における職位を忘れて、自由に意見を述べよ
・その場合には、上役の批判もしてよい
・批判された上役はすぐ腹を立てたり、言われたことを根に持ってはならない。特に、人事で報復をしようなどと考えてはならない
・思いきった意見が飛び交う過程においては、藩としての秘密も飛び交うはずだ。秘密は絶対に他へ漏らしてはならない

などという内容だった。

規約のもとに異見会は機能しはじめた。隠居の如水は自分が言い出しっぺだったので、会が開かれるたびに参加した。

しかし如水は自分の意見は言わなかった。何か感ずるところがあっても絶対に口は利かなかった。議事の進行は全て息子の長政に任せた。長政は現職の藩主だったからである。

今で言えば如水は会長だ。長政が社長だ。したがって如水にすれば、

「社業はすべて現職のトップに任せる。隠居は口を出すべきではない」

と考えていて、その掟を自分に課した。そして守った。

❖いつまで経っても結論の出ない会議に

ある時、最近入ったばかりの若い武士が手を挙げて発言をしようとした。長政が発言を許した。その若者は滔々と自分の考えを述べた。それは、

・現在の黒田家は、福岡城という大城に拠点を置いて九州の他大名から見れば、徳川幕府の覚えもめでたく、非常に安定し、言ってみれば大名の大手として成長しつつある
・しかし、城内は決して安定しているわけではなく、いくつかの危機が存在している
・いくつかの解決策を考えてみた。それはこういう内容であって、この異見会に提案するので、討議の上、どうかお決めいただきたい

というものであった。全員が感心した。そして、こもごも意見を言い合った。頃合いを見て議長を務める長政が言った。

「論議はそこまでにしよう。わしはかれの言った提案のうち、これが一番いいと思う。どうだ、みんなもかれの意見に従おうではないか」

この長政の発言に全員が賛成した。最近はなかなか全員一致で事が決まることがない。というのは、長政が今で言えば民主的な議事運営を行っていたからである。

誰にでも発言させ、その意見を披露して大いに議論を戦わそうという態度はよかったが、そのために時間が長引き、くだらない議論も中にはあった。したがって、昼間開かれた異見会が夜になっても終わらないこともあった。

さらには、長引いて夜になっても、結論が出ない場合もあった。意見は出さなくても常に参加している如水はイライラした。それだけでなく、

（こんなこと続けていたら、黒田家は滅亡してしまう）

という危機感を覚えた。それは、議長を務める長政が一つも決断を下すことなく、そのダラダラ会議に巻き込まれて、かれ自身もその渦の中の一人になっていたからである。

❖役に立たない〃形見〃に託したもの

会議が終わった後、如水は病気になった。性質の悪い病で、医者の見立てではあまり長くないという診断だった。そこで如水は長政を呼んだ。

「形見をやる」

と告げた。長政はびっくりした。

「なぜ今からそんなことをおっしゃいますか。父上はまだお元気です」

「元気ではない。おれは間もなく死ぬ。医者の見立てだ。あの医者は嘘は言わぬ。だから形見をやるのだ」

「……」

長政は黙った。父は頑固だ。しかし嘘は言わない。近く死ぬのは本当だろうと思えてきた。

そこで、

「わかりました。とりあえずいただけるものを頂戴いたします。なんでしょうか」

「そこにある」

　如水は枕もとを示した。長政はそこを見た。草履と下駄が片っ方ずつ置いてある。長政は父に訊いた。

「これですか」

「そうだ」

「下駄が片っ方、草履が片っ方ですが」

「その通りだ。それをやる。金目の物は何もない。全部家臣に与えてしまったからな」

　父の言葉が耳に入らなくなった。というのは長政はじっと考えはじめたからである。草履と下駄を凝視している。長政が考えているのは、

（この草履と下駄になんの意味があるのだろうか）

　ということである。

　しばらく経つと如水が笑い出した。そして長政に言った。

「長政よ、おまえは今またその草履と下駄についていろいろと詮索しているのだろう？」

「その通りです。父上はかつて〝日本一頭脳の鋭い男〟と言われた人物です。その父上がわたしにくださる草履と下駄、片方ずつですが、おそらく何か重い意味があろうかと思い

ます。それを探っております」

「やめろ」

「なぜですか」

「その草履と下駄にはなんの意味もない」

「え？」

長政は心の中で「そんなはずはない……」と小さく叫んだに違いない。屹《きっ》として向き直った。

「父上、冗談はやめてください。意味のないものをなぜわたしにくださるのですか」

「おまえはこの頃主人として持つべき決断力を失っている。この間の異見会がそうだ。あの若者は優秀だ。しかしあの若者が示した案の中で一つを選び、皆、あの若者に従いましょうと言った。

殿様が一ヒラ家臣に従いましょうなどというバカなことがあるか。おまえはこの頃異見会の運営で、いい子になろうとしている。だから誰からもまんべんなく意見を聞き、しかも、ろくでもない意見でも聞いているために会議が長引いて仕方がない。長引くわりにはなんの結論も出ない。だから一部の良識ある者はもう異見会には出てこない。全ておまえの議事運営が決断力もなく、ダラダラとただまんべんなくみんなに発言を求めるからだ。

長政よ、主人が絶対に手放してはいけないのは決断力だ。主人というのは決断力が唯一の武器なのだ。他のことはどうでもいい。どうか、黒田家のために決断力を取り戻してほしい。それが鈍ったなとわかった時は、その草履と下駄を取り出して眺めろ。そして親父が死ぬ間際に何を言ったか思い出してほしい。だからこの草履と下駄をやるのだ」

「……」

長政はうなだれた。かれもバカではない。父の言葉が骨の隅々まで染み渡ったからである。

以後の長政は、決断力を取り戻し、九州の名将と言われるようになる。そのきっかけは父が臨終の時にくれた草履と下駄の片方ずつである。

❖あえて自分を抑えることで、人が活きる

同じように、二代将軍徳川秀忠も、家康という父とは違って、秀忠は秀忠なりの〝名二

代目〟ぶりを発揮する。しかしかれには秘密兵器があった。それは、かれが設置した、

「談伴の会」

である。これは早く言えば名二代目と言われる大名たちの集まりであって、それぞれ自分が二代目として父からどういうことを受け継ぎ、それを守り、また新しく自分がどういう管理法を創造しているか、などということを秀忠の前で話す会だ。

秀忠はそこで聞いたことを自分の肥料として消化し、それを自分の政務に活用した。秀忠もその肥料によってどんどん成長していった。

そして、そのメンバーで一際《ひときわ》光った話をするのが黒田長政であった。しかし、長政の話は、

「父如水はこう申しました」

と言って、必ず如水の名を出して、自分の考えではなく父の考えだということをあえて告げ続けた。秀忠はじめ誰もが、

(その話は如水殿のことではない。長政自身の考えなのだ)

ということはわかっていたが、誰も口にはしなかった。

長政の親孝行と謙虚さに、それはそれでまた、参加者全ての心を動かしていたからである。長政もまた〝人たらし〟だった。

青春新書 INTELLIGENCE

こころ涌き立つ「知」の冒険

いまを生きる

〝青春新書〟は昭和三一年に——若い日に常にあなたの心の友として、その糧となり実になる多様な知恵が、生きる指標として勇気と力になり、すぐに役立つ——をモットーに創刊された。

そして昭和三八年、新しい時代の気運の中で、新書〝プレイブックス〟にその役目のバトンを渡した。「人生を自由自在に活動《プレイ》する」のキャッチコピーのもと——すべてのうっ積を吹きとばし、自由闊達な活動力を培養し、勇気と自信を生み出す最も楽しいシリーズ——となった。

いまや、私たちはバブル経済崩壊後の混沌とした価値観のただ中にいる。その価値観は常に未曾有の変貌を見せ、社会は少子高齢化し、地球規模の環境問題等は解決の兆しを見せない。私たちはあらゆる不安と懐疑に対峙している。

本シリーズ〝青春新書インテリジェンス〟はまさに、この時代の欲求によってプレイブックスから分化・刊行された。それは即ち、「心の中に自らの青春の輝きを失わない旺盛な知力、活力への欲求」に他ならない。応えるべきキャッチコピーは「こころ涌き立つ〝知〟の冒険」である。

予測のつかない時代にあって、一人ひとりの足元を照らし出すシリーズでありたいと願う。青春出版社は本年創業五〇周年を迎えた。これはひとえに長年に亘る多くの読者の熱いご支持の賜物である。社員一同深く感謝し、より一層世の中に希望と勇気の明るい光を放つ書籍を出版すべく、鋭意志すものである。

平成一七年

刊行者　小澤源太郎

著者紹介

童門冬二〈どうもん・ふゆじ〉

1927年東京生まれ。東京都庁にて広報室長、企画調整局長、政策室長等を歴任後、79年に退職。以後は執筆活動に専念し、歴史を題材に、組織と人間の問題を浮かび上がらせる手法で、数々の話題作を手がけている。第43回芥川賞候補。99年には勲三等瑞宝章を受章。

おもな著書に『将の器　参謀の器』『なぜ一流ほど歴史を学ぶのか』『日本史は「線」でつなぐと面白い!』(いずれも小社刊)、『井伊直虎　聖水の守護者』(成美堂出版)、『小説　上杉鷹山』(学陽書房人物文庫・集英社文庫)などがある。

歴史《れきし》に学《まな》ぶ「人《ひと》たらし」の極意《ごくい》　青春新書 INTELLIGENCE

2016年12月15日　第1刷

著者　童《どう》門《もん》冬《ふゆ》二《じ》

発行者　小澤源太郎

責任編集　株式会社プライム涌光

電話　編集部　03(3203)2850

発行所　東京都新宿区若松町12番1号 〒162-0056　株式会社青春出版社

電話　営業部　03(3207)1916　振替番号　00190-7-98602

印刷・中央精版印刷　製本・ナショナル製本

ISBN978-4-413-04503-2